LETTRE

SUR LES

DOCTRINES PHILOSOPHIQUES

ET POLITIQUES

DE

M. DE LAMENNAIS

PAR VINCENT GIOBERTI.

BRUXELLES.

MELINE, CANS ET COMPAGNIE.

LIBRAIRIE, IMPRIMERIE ET FONDERIE

1843

LETTRE

SUR LES

DOCTRINES PHILOSOPHIQUES

ET POLITIQUES

DE

M. DE LAMENNAIS

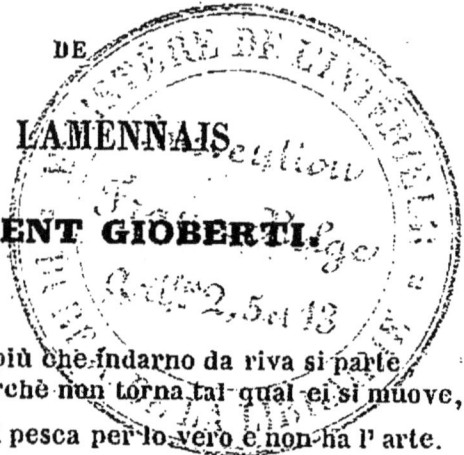

PAR VINCENT GIOBERTI.

Vie più che indarno da riva si parte
Perchè non torna tal qual ei si muove,
Chi pesca per lo vero e non ha l' arte.
DANTE, Par. XIII.

BRUXELLES.

MELINE, CANS ET COMPAGNIE.

LIBRAIRIE, IMPRIMERIE ET FONDERIE.

—

1843

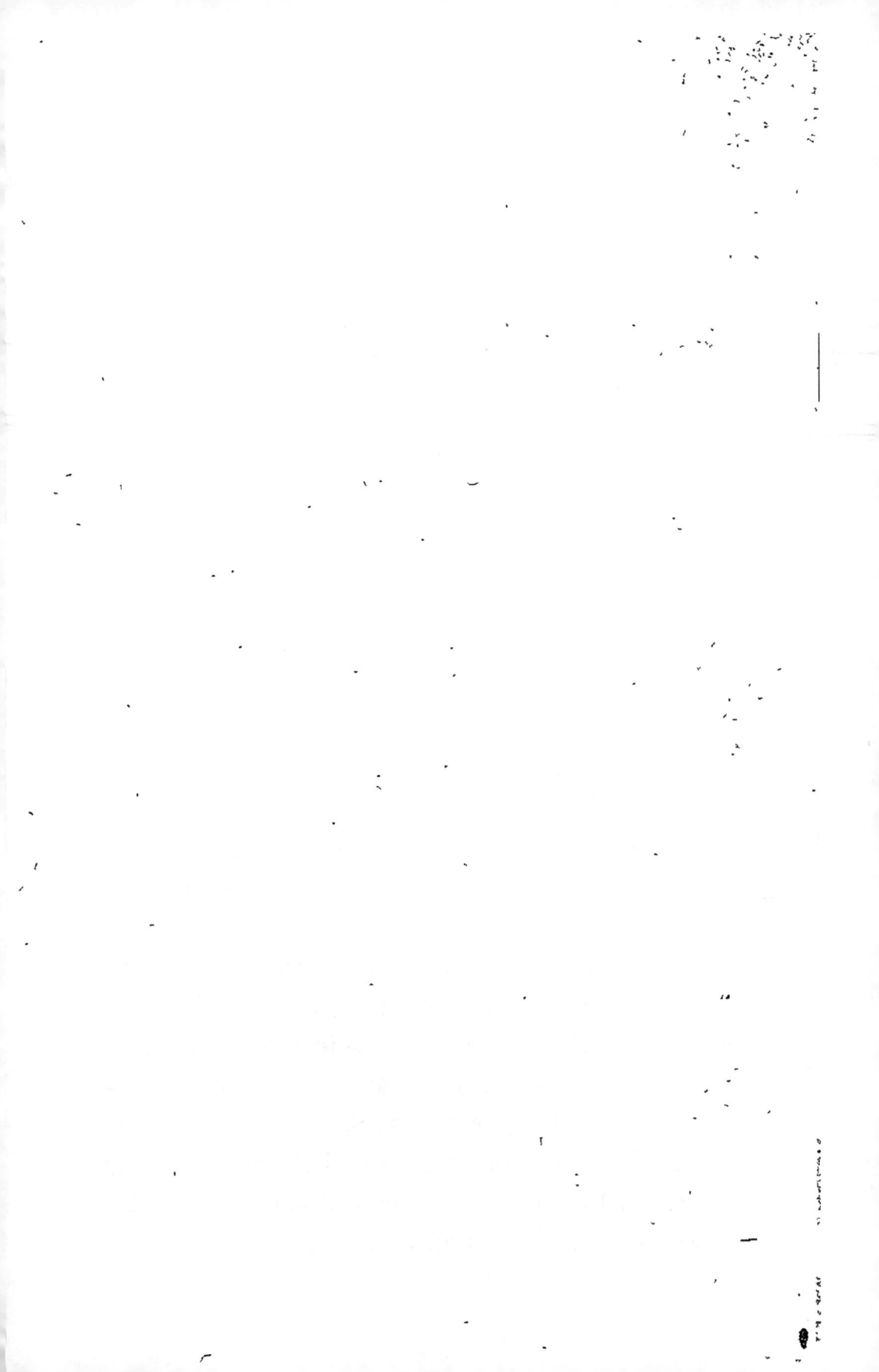

MONSIEUR,

J'ai lu avec une triste surprise l'approbation presque solennelle des doctrines de M. de Lamennais, qui a été faite par quelques-uns de mes compatriotes, et publiée dans une feuille française. Quoique cet acte soit émané d'une réunion particulière, à laquelle je suis complétement étranger, on pourrait croire que les sentiments qu'il exprime sont assez communs parmi les amis de la nationalité italienne. Ce danger est trop grave pour que je puisse garder le silence, malgré mon peu de goût et mon dé-

faut d'habitude pour ce genre de publicité. J'ai
néanmoins différé quelques jours à prendre la
plume; car l'illustre écrivain étant sous le poids
d'une accusation politique, je n'aurais pu sans
blesser les convenances, tout étranger et inconnu que je sois chez vous, tenir un langage
qui, quoique pur de toute personnalité, doit
être franc et sévère. La position actuelle de M. de
Lamennais m'engagerait encore à me taire, si
je n'avais pas à remplir un de ces devoirs qui
par leur nature doivent aller avant tout, et ne
peuvent être différés longtemps. Si cet écrit
tombait par hasard sous les yeux de celui qui
en est le sujet, j'espère qu'il ne se trompera pas
sur mes intentions, en me voyant accomplir
une tâche affligeante, mais impérieuse, devant
laquelle lui-même n'aurait pas reculé, j'en suis
sûr, il y a quelques années, dans des circonstances analogues aux miennes.

Je connais aussi le risque auquel je m'expose,
en m'adressant au public pour la première fois
dans une langue qui m'est étrangère. S'il s'agissait d'une chose moins grave, cette seule crainte
m'empêcherait d'entrer en lice. Mais quand il
s'agit de remplir un devoir, on peut, monsieur,
en sûreté d'honneur et de conscience, braver
les périls et même le ridicule. Du reste, ce danger n'existe pas chez une nation aussi généreuse

que la vôtre ; car, si le mauvais écrivain est
inexcusable lorsqu'il peut se taire, il a droit à
quelque indulgence quand il est forcé de défendre les plus chers intérêts qui puissent émou-
voir le cœur d'un homme.

Non, monsieur, la partie la plus nombreuse
et la plus éclairée de la nation italienne ne sera
jamais complice des déplorables égarements de
M. de Lamennais. Personne n'admire plus que
moi son beau talent et son noble caractère :
personne ne l'a chéri davantage lorsqu'il dé-
fendait la vérité, tout en regrettant que son
jugement et son savoir ne fussent pas toujours
au niveau de sa verve éloquente, et qu'il gâtât
par des excès la meilleure et la plus sainte des
causes. M. de Lamennais appartient malheureusement à cette classe d'auteurs aujourd'hui fort
nombreuse, qui croient que l'art d'écrire peut
remplacer la science, et que l'écrivain doit avoir
plus à cœur de frapper fort que de frapper juste.
De là ses écarts en tout genre ; de là son extrême impéritie à juger sainement des hommes
et des choses, à distinguer les réalités des chi-
mères et les plans raisonnables des utopies ; de
là ces continuelles et prodigieuses variations
qui ont souvent affligé ses admirateurs et ses
disciples. Certes, les esprits les plus judicieux
sont sujets à se raviser et à corriger leurs opi-

nions en avançant dans la vie. Mais ces changements ne sont pas de tous les jours, ne portent point sur les principes, et laissent intactes
ces idées fondamentales qui sont, pour ainsi
dire, le pivot sur lequel tourne la conduite du
sage. Si les principes qu'on a d'abord adoptés
sont faux, il faut sans doute les réformer; mais,
sauf le cas d'une légèreté excessive, ces amen-
des honorables et prescrites par la loi morale
ne peuvent pas se répéter plusieurs fois dans la
vie d'un homme : autrement, il faudrait douter
du bon sens, et tomber dans un scepticisme auquel la science même et le génie ne pourraient
échapper. Les variations de M. de Lamennais sont
si éclatantes, si nombreuses et si essentielles,
qu'il est difficile d'en trouver un autre exemple aussi frappant. En politique il a passé par toutes les nuances et par tous les extrêmes, depuis
l'ultra-royalisme le plus hardi jusqu'au radica-
lisme le plus absurde. Il serait inutile de s'arrêter sur ses vicissitudes religieuses. Rien n'est
plus triste et plus étonnant que le spectacle
qu'il donne au monde depuis quelques années.
Que peut-on dire d'un prêtre qui foule aux pieds
cette Église pour laquelle il a tant combattu, et
qui, après avoir outré le principe de l'autorité,
se fait l'apôtre de la révolte ?

Il est vrai que les apologistes de M. de La-

mennais nous assurent gravement qu'il est
l'immutabilité en personne, et que ses préten-
dus changements sont des phases admirables
d'une pensée unique, conformes de tout point
à la loi du progrès. Le progrès ! Entendez-vous ?
Voilà le mot qui dorénavant sauvera le monde,
et fera de l'inconstance humaine la première
des vertus. Selon cette belle théorie, si vous
voyez quelqu'un qui de temps en temps réforme
ses opinions, comme ses habits, ne dites plus
qu'il change, mais qu'il se développe. C'est ainsi
qu'il faut parler. Il est cependant permis de
croire que pas un de ces spirituels apologistes
du célèbre écrivain n'a lu d'un bout à l'autre
son *Essai sur l'indifférence* et ses autres écrits
d'une date un peu ancienne. Autrement, ils
sauraient que les principes, les moyens, les
conséquences, le but, tout a varié prodigieusement dans cet homme. C'est surtout à l'é-
gard du but que le contraste frappe, et il est
assez plaisant d'entendre ses avocats insister si
fort là-dessus. Car que voulait-il, M. de Lamennais, lorsqu'il était catholique ? Quel était-il,
le souverain bien qu'il proposait aux hommes ?
C'était le bien de l'âme, l'amour de Dieu, le
salut éternel. Il raisonnait selon le point de vue
de l'Évangile, qui, tout en accordant aux choses
de ce monde l'importance qu'elles méritent, tout

1.

en les élevant à la dignité du devoir, et en les
sanctifiant par une fin supérieure, nous enseigne cependant que ce qui passe n'est rien en
lui-même, et en comparaison de l'éternité.
Voilà la seule philosophie qui soit raisonnable,
digne de l'homme, et propre à assurer son bonheur même ici-bas. Les plus grands maux qui
affligent l'humanité proviennent de l'affection
déréglée qu'on a pour les choses de la terre.
Voulez-vous améliorer vos semblables et rendre leur vie plus tranquille et plus pure? Éle-
vez leurs regards vers le ciel. Telle était jadis
la pensée chrétienne de M. de Lamennais; mais
celle qu'il professe aujourd'hui est bien différente. Depuis qu'il est devenu philosophe à sa
manière, il ne s'occupe plus guère des âmes :
tous ses soins se portent sur les choses tempo-
relles; la politique a remplacé la religion. Il ne
pense plus à faire des citoyens dans le ciel, mais
des républicains sur la terre. Voilà ce qui
maintenant est tout à ses yeux : peu importe
le reste. Il a sacrifié à cette utopie sa réputation,
sa foi, son caractère de chrétien et de prêtre;
il a joué le salut de son âme et celui de ses
nouveaux disciples, s'il m'est permis de parler
ainsi, sur la carte de la république. Ah! sans
doute il doit se dire souvent dans ses méditations
solitaires : Malheur, malheur à moi, si la foi

que j'ai abandonnée est vraie! malheur à ceux
qui m'écoutent! S'il prêche encore les vertus
morales, le patriotisme, le dévouement, le
sacrifice, et puise de nobles inspirations dans
ses souvenirs chrétiens et dans son âme natu-
rellement bonne et généreuse, ses idées, n'étant
plus animées par la foi, ne dépassent guère
l'étroite portée du paganisme. Jamais ses paroles, quoique belles et touchantes, n'opéreront
un de ces prodiges qu'on appelle conversions
et que la religion seule peut enfanter dans les
âmes. C'est là un privilége du catholicisme
que nulle secte ne pourra jamais lui ravir ou
partager avec lui. Lui seul peut répandre dans
le cœur de l'homme cette séve puissante de la
grâce qui fait germer et fructifier la parole de
vie proclamée simultanément à ses oreilles. On
peut comparer M. de Lamennais à cet homme
de l'Évangile qui perd son temps à semer et à
bâtir sur le sable. Il est descendu de la hauteur
du Christ jusqu'à la taille humaine de Socrate
et des stoïciens : est-ce là un progrès, messieurs ?

Cette versatilité d'esprit qui suppose une
grande légèreté de jugement, et le défaut de
ces études sérieuses et profondes qui donnent
de la consistance aux idées, et créent les fortes
têtes, suffiraient pour décréditer les doctrines

de l'illustre écrivain aux yeux des lecteurs sensés qui ne se laissent point prendre aux charmes de la parole. Son goût prononcé pour les idées paradoxales, qui lui donne une singulière ressemblance avec J. J. Rousseau, ne peut guère lui être plus favorable dans l'opinion des esprits solides. Les hommes à paradoxes peuvent captiver l'attention de leur siècle, entraîner la multitude, acquérir une renommée plus rapide que durable, et qui n'a que le dehors de la véritable gloire ; ils peuvent faire un mal immense, et détruire en grand, mais ils sont impuissants, lorsqu'il s'agit de créer. La cause de cette faiblesse réelle qui se cache sous l'apparence du contraire, c'est qu'il leur manque la véritable force, la force créatrice, qui ne se trouve ailleurs que dans la vérité. De tout ce qu'a écrit le citoyen de Genève, qu'est-il resté à la science ? Rien. Il a fait tourner la tête aux enfants et aux femmes, embelli le vice en prêchant la vertu, faussé les idées de la liberté et de l'éducation véritables, déraciné la foi, déjà ébranlée dans votre pays, inspiré les harangues de Saint-Just et les homélies de Robespierre, préparé les désordres et les horreurs de la révolution : la seule renommée qui lui reste est celle du plus brillant sophiste qui ait jamais existé. Les ouvrages de M. de Lamennais n'auront guère meilleure fortune. Sauf les pages inspirées par le catholicisme, ils vivront peut-être comme un habile tissu d'images et de phrases, ou bien comme un tableau animé des extravagances et des contradictions de notre siècle. Son système sur la certitude, après un court bruit, est déjà bien mort. L'érudition superficielle, digne tout au plus du quinzième siècle, qu'il a étalée pour démontrer l'universalité du christianisme, faussement conçue (car cette universalité, dans le sens catholique, est bien différente du paradoxe de M. de Lamennais), ne reçut pas même un passager hommage. Il en sera de même de sa philosophie actuelle, lorsque le frivole rationalisme qui règne de nos jours aura fait son temps, et que la véritable spéculation renaîtra dans la patrie de Pascal et de Malebranche. Les ouvrages de M. de Lamennais sont des météores éclatants, qui n'ont point d'avenir, parce qu'ils manquent de cette solidité qui n'est pas moins nécessaire pour perpétuer la pensée du philosophe que pour conserver celle de l'artiste. La parole mélodieuse s'éteint avec le souffle qui passe : la vérité seule est immortelle.

Il est vrai, monsieur, que si l'on prêtait foi à quelques écrivains, l'*Esquisse* de M. de Lamennais serait un incomparable chef-d'œuvre, qui excite l'admiration et l'envie de toute l'Eu-

rope. Mais j'ai quelque raison de croire qu'il
n'en est rien ; car tous ces messieurs que savent-ils de religion et de philosophie? Il suffit
de lire ce qu'on imprime sur ces matières,
surtout depuis dix ans, dans certains journaux
qui se piquent de progrès, pour savoir à quoi
s'en tenir. Les sciences morales en France, la
métaphysique, la littérature sérieuse ne sont
jamais tombées si bas. Si vous continuez sur ce
pied, dans un siècle, malgré votre politesse,
votre esprit et votre beau pays, vous serez des
barbares (pardonnez-moi le mot), comme les
Gaulois et les Francs vos aïeux. Vous fûtes
grands, parce que vous fûtes chrétiens ; car la
foi est la première source de toute grandeur
durable, même dans l'ordre matériel ; elle est
le véritable thermomètre de la puissance et de
la civilisation des peuples. Qui veut semer sur
un autre sol, après des apparences trompeuses,
ne recueille que le néant. Je vous le dis fran-
chement, monsieur, parce que je sais que
vous et les meilleurs de vos compatriotes s'en
affligent comme moi, et pressentent, dans cette
nuit religieuse qui enveloppe votre belle nation, les approches de la barbarie. Mais pour
revenir à M. de Lamennais, et à l'admiration
de l'Europe, je ne pense pas que les amis de
l'ordre vous envient un homme qui, malgré

ses protestations pacifiques, se sert de son
talent pour allumer avec des pamphlets les passions de la multitude. Je ne pense pas non plus
que les sages amis de la liberté veuillent d'un
patriote qui a fait tout son mieux pour la rendre
incompatible avec une croyance qui règne dans
la moitié de l'Europe et dans les deux tiers de
l'Amérique. Ah! la France a sans doute des
gloires qui doivent être admirées et enviées par
tous les peuples. Sans parler de vos grands
hommes du moyen âge et du dix-septième siècle,
et sans sortir de la science, quel est le pays qui
ne serait pas fier d'avoir produit le grand Cuvier? Quel est celui qui ne s'honorerait pas
d'un Étienne Quatremère, d'un Eugène Bur-
nouf, d'un Fauriel, d'un Letronne, ces véritables savants, ces érudits aussi judicieux que
profonds, ces hommes à études consciencieuses
et fortes, dont les recherches philologiques et
archéologiques ont tant de prix pour l'histoire,
la religion et la philosophie [1]? Mais ces véné-
rables successeurs et héritiers des Bochart, des

[1] Je ne veux pas donner par ces mots une approbation
absolue à toutes les doctrines de ces savants. Je parle de
l'élément qui prédomine chez eux, du fond de leurs études
et de leurs ouvrages, qui est excellent. Du reste, nul homme
n'est parfait, et les maîtres de la science peuvent avoir leurs
taches, comme le soleil.

Pétau, des Fréret, des Barthélemy, des de
Guignes, des Gebelin, des Duperron, des Gau-
bil, des Sainte-Croix, des Champollion, des
Rémusat, des Sacy, ne sont pas ceux qui pro-
voquent l'enthousiasme de certains journalistes.
Tous ces noms, quelque estimables qu'ils soient,
ne jouissent pas d'une grande popularité chez
vos distributeurs de gloire. L'étoile de vos
grands penseurs, saint Bernard, Gerson, Pascal, Bossuet, Fénélon, Malebranche, commence
aussi à pâlir. Non, messieurs, tous ces hommes
modestes à la pensée profonde, et à l'érudition
poudreuse, ne sont rien ou bien peu de chose.
Si vous voulez connaître vos véritables gloires
passées et contemporaines, cherchez-les ailleurs.
Apprenez une fois pour toutes que le plus
grand homme de votre France, et sans doute
du siècle, est M. Pierre Leroux, qu'un journal
comparait à Jésus-Christ. Sachez que cet écrivain, dont je respecte la bonne foi, mais dont
le galimatias vaporeux fatigue les plus patients
lecteurs, dont la critique et l'érudition sont
dignes d'un écolier, dont les prétentions philosophiques sont si supérieures à la portée de sa
science, rivalise avec l'auteur d'une pensée et
d'une institution qui, même considérées humai-
nement, sont les plus grandes qui aient paru
sur la terre !

Ces enfantillages, dans lesquels le blasphème est heureusement neutralisé par le ridicule, ne parviendront pas à fausser le bon sens de votre nation. Je l'espère du moins avec vous, et je me confie dans leur frivolité même, qui me paraît un puissant préservatif contre le danger. L'*Esquisse d'une philosophie*, qui est sans doute fort supérieure par la forme à ces productions d'une médiocrité désespérante qui vous inondent, ne vaut guère beaucoup mieux pour le fond, et a une très-mince portée scientifique. L'originalité de la pensée manque autant à M. de Lamennais, qu'il sait cacher son défaut par l'éclat et l'élégance du style. Il a plutôt le goût que le talent du paradoxe, et à cet égard il me paraît bien inférieur à Rousseau. Si l'on soulève le voile séduisant qui couvre ses conceptions, on s'aperçoit qu'elles sont presque toutes empruntées. Il excelle dans l'art des détails, et sait s'approprier à merveille les pensées d'autrui, en leur donnant le cachet de son talent. L'idée sort de sa bouche

« Segnata bene della interna stampa [1] ; »

mais son originalité est tout extérieure ; le fond ne lui appartient pas. Catholique, il co-

---

[1] Portant toute l'empreinte du moule intérieur.
Le Dante.

piait Bossuet, Bonald et Joseph de Maistre : incrédule, il vole en métaphysique Hégel et Schel-
ling, et en politique il reproduit les doctrines
du *Contrat social*. Le véritable talent de l'idée,
c'est-à-dire cette intuition réfléchie et féconde
qui saisit avec netteté et exprime avec précision quelque côté nouveau de la vérité éternelle,
lui manque entièrement. Il n'est riche et puissant qu'en images, qui chez lui remplacent les
pensées, et il cache sa pauvreté idéale par le
luxe des tropes et des figures. C'est ce défaut
de verve intellectuelle qui, malgré l'abondance
de sa verve poétique et oratoire, l'empêchera
toujours de fonder une véritable école ; car
même dans le cercle de l'erreur l'empire est à
la force, et le sophisme n'est fort qu'autant qu'il
se mêle à la vérité. Ce mélange du vrai et du
faux, de la découverte et de la négation, jetés
dans un seul moule par une conception puissante mais égarée, c'est ce qui fait le génie no-
vateur et destructeur, qui est le plus terrible
de tous. Je ne connais aucun nom dans la philosophie moderne qui puisse rivaliser à cet
égard avec ceux de Spinosa, de Kant [1] et de
Hégel, qui forment le grand triumvirat de l'hé-

---

[1] J'excepte sa *Critique de la raison pratique* qui à plusieurs égards est un chef-d'œuvre.

térodoxie rationnelle enfantée par le cartésia-
nisme. Si je ne place pas David Hume parmi ces
hommes qui firent de si grands ravages dans le
domaine de l'intelligence, c'est qu'il est trop
négatif : le sceptique ne fera jamais rien, il ne
pourra pas même laisser après lui son erreur.
On ne bâtit pas des ruines. Tout au plus, il
frayera la route à l'erreur dogmatique, c'est-à-
dire à l'erreur mêlée à la vérité, se parant de
ses charmes et tout à la fois prédominant sur
elle, ce qui constitue l'essence de toute hétérodoxie positive. Tel fut le rôle unique de l'An-
glais : fils de Locke et petit-fils de Descartes, il
engendra Kant, sceptique modéré, dogmatiste
à demi, et auteur d'un système merveilleux par
la fusion d'éléments hétérogènes, d'où sortit le
panthéisme allemand. Quant à M. de Lamennais, il ne peut pas même, comme philosophe,
être nommé après ces hommes. Son esprit n'est
pas de cette trempe : il brille comme écrivain,
et non pas comme penseur. Il faut cependant
distinguer dans son dernier livre ce qui a été
écrit sous l'inspiration catholique de ce qui a
été composé par l'auteur après sa malheureuse
chute. Le contraste entre ces deux parties est
si frappant, malgré l'art de l'écrivain à le dé-
guiser par d'adroites transitions, qu'on pourrait
presque assigner sa date à chaque page, et devi-

ner si c'est l'homme ancien ou l'homme nouveau
qui l'a tracée. Par exemple, plusieurs de ses
développements sur la Trinité lui ont été évi-
demment suggérés par la lecture de Bossuet et
des saints Pères ; mais quand il veut appliquer
ce dogme à la cosmologie, selon le principe
panthéistique qui pénètre sa nouvelle doctrine,
il tombe dans les rêves du panthéisme allemand. La théorie qu'il expose sur ce grand
mystère, est bien loin d'être à l'abri de la critique orthodoxe ; mais ce qui est surtout insou-
tenable, c'est sa prétention d'en faire un théorème purement philosophique. Cette prétention
est aussi absurde en philosophie qu'en religion.
La bonne théologie ne permettra jamais cet
abus ; car en voulant plier un mystère aux
exigences de la raison humaine, on le dénature,
et l'on aboutit au sabellianisme et au socinia-
nisme , c'est-à-dire au rationalisme pur , tel
qu'il règne chez quelques-uns de vos philosophes, et surtout en Allemagne. J'ai prouvé ailleurs qu'il y a dans l'esprit humain un élément
supra-rationnel, qui n'a été jusqu'ici analysé,
que je sache, par personne, et dont l'existence
peut être psychologiquement constatée. Cet
élément, qui par sa nature ne peut être pensé
en lui-même, est cependant aperçu par l'esprit
à l'aide d'un symbole intellectuel ; et quoique

subjectif par sa nature, l'esprit l'objective, en
le plaçant dans l'Idée, par une opération légitime et déterminée par l'Idée elle-même. C'est
là le véritable *noumène*, bien différent de celui
de Kant, qui, égaré par le début psychologique
et cartésien de sa philosophie, confondit l'intelligible avec le *surintelligible*, et plaça l'*inconnue*
de l'esprit dans l'Être en soi, c'est-à-dire dans
ce qui est la source de toute lumière et de toute
évidence. L'Idée, enrichie par une induction légitime de l'élément *supra-rationnel*, se présente
à l'esprit, pour ainsi dire, comme bilatérale,
c'est-à-dire comme ayant un côté clair et positif
qui constitue l'évidence, et un côté obscur, négatif pour nous, qui constitue le mystère. Nous
concevons d'une manière négative le côté obscur, dont la négation est toute subjective, par
la notion abstraite et générique de l'être, que
nous empruntons au côté clair de l'Idée, et dont
nous nous servons, comme d'un symbole, pour
nous représenter l'inconnue, en suivant toujours dans cette opération symbolique une loi
objective de l'esprit, dont j'ai fait la descrip-
tion. Mais cette notion de l'être abstrait et générique employée symboliquement ne nous
donne qu'une conception négative, abstraite et
générale de la grande inconnue renfermée dans
l'Idée. L'esprit de l'homme dans cette vie ne

2.

peut point par ses forces naturelles aller au delà.
La révélation surnaturelle supplée à ce défaut
en nous dévoilant par la parole extérieure le *positif*, le *concret* et le *particulier* de cette inconnue
idéale, qui dans les bornes de la nature manque de ces trois propriétés. L'inconnue naturelle, qui est négative, abstraite et générique,
devient positive, concrète et particulière par
les mystères révélés. Ces mystères donc ne font
qu'élever à une puissance supérieure la donnée
naturelle, en ajoutant à elle trois éléments qui
lui manquent. Le mystère naturel, qui dans sa
vide et abstraite généralité est unique, se mul-
tiplie ainsi sous la dictée de la parole révéla-
trice, et donne lieu à plusieurs mystères, parce
que la révélation dégageant du sein de l'inconnue objective le positif, le concret et le
particulier qu'elle renferme, et d'autre part ne
pouvant pas, dans notre état actuel, nous en
fournir une connaissance directe, est forcée à
nous le représenter comme un multiple, c'est-
à-dire à distinguer un mystère de l'autre. Mais
cette multiplicité qui a sa racine dans la pro-
fondeur insondable de l'inconnue, cessera
d'exister, lorsque le mystère sera transformé
en évidence; et certes, les bienheureux qui
voient en Dieu toutes les vérités et tous les
mystères, aperçoivent une seule vérité et un

seul mystère, qui est la clarté même de l'essence divine, autant que l'appréhension en est possible pour une intelligence finie. Voilà un des liens les plus intimes qui unissent la raison et la révélation, la nature et la grâce, et une des preuves les plus fortes de la convenance et de la nécessité de la révélation. L'incrédule qui rejette les mystères révélés, ne gagne rien par son système, puisqu'il est forcé d'admettre la grande inconnue naturelle, et perd au contraire beaucoup, puisqu'il renonce à la seule clarté, qui, quoique très-faible et très-imparfaite sans doute, diminue cependant d'une manière réelle des ténèbres inévitables. En effet le positif, le concret et le particulier que la révélation nous découvre dans l'inconnue, sont une soustraction réelle à son obscurité ; soustraction qui a d'autant plus de prix pour nous, qu'outre l'addition qu'elle implique dans le domaine de la connaissance, qui est le bien de l'entendement, elle nous enseigne des vérités précieuses et indispensables pour notre bien moral, qui est le dernier but de la vie dans le temps et dans l'éternité. Ainsi le déiste, en refusant de croire à la révélation, se contredit ouvertement, car il veut éviter le mystère et il l'augmente ; il veut ajouter à sa science, et il ne fait qu'accroître son ignorance ; et la science à laquelle il renonce, est la plus nécessaire de toutes pour son propre bonheur. Je défie les plus subtils rationalistes de se tirer de cet argument. Voilà aussi la raison pour laquelle toute religion doit avoir des mystères, et une religion sans mystères, telle que nos plaisants philosophes l'imaginent, est aussi absurde qu'un cercle carré. Le mystère n'appartient pas moins à l'essence de la religion, que la rotondité à l'essence du cercle. L'essence rationnelle de la religion doit se déduire de l'idée qu'en ont tous les hommes ; or tous les hommes qui suivent le sens commun, c'est-à-dire tous les peuples, sans exception, et tous les individus, sauf quelques mauvais philosophes, ont toujours conçu la religion comme *la révélation initiale du mystère de la nature et la manifestation imparfaite du côté obscur de l'Idée.* Toutes les religions fausses, depuis l'émanatisme exquis de l'Inde ou le panthéisme du Thibet jusqu'au fétichisme de la Guinée, reposent sur cette définition. La seule différence qui se trouve entre ces fausses croyances et la véritable, c'est qu'ici les mystères sont révélés par la parole de Dieu, et que là ils sont enfantés par l'imagination de l'homme. Le besoin de la lumière et la conviction de notre impuissance à en jouir complétement, sont si fortement empreints dans notre nature, que nous voulons tout à la fois atténuer le grand mystère naturel et posséder des obscurités surnaturelles : une religion sans mystères serait pour nous suspecte, et le mystère absolu, auquel la raison nous force, désespérant. Le mystère religieux et révélé est un véritable milieu entre ces deux extrêmes ; c'est une espèce de demi-jour, de crépuscule rationnel qui nous laisse entrevoir l'objet, en soulevant un peu le voile qui le couvre et en nous faisant aspirer par ces lueurs obscures à la lumière de la science, que Dieu réserve dans l'autre vie aux esprits humbles et purs. C'est par la croyance que l'homme acquiert cette clarté imparfaite, qui est la seule dont à cet égard il puisse jouir dans cette vie. La croyance est mêlée de lumière et de ténèbres et occupe une place moyenne entre la science et l'ignorance : là tout est clair, ici tout est obscur ; dans le point intermédiaire les extrêmes se touchent et se mêlent. Le mystère chrétien est donc une véritable révélation, quoique imparfaite, du grand mystère rationnel, inséparable de l'Idée, que nous avons constaté. C'est ce même mystère, dont l'obscurité subsiste toujours, mais atténuée par des données surnaturelles ; c'est en un mot *le dégagement initial et imparfait de la grande inconnue naturelle par des analogies révélées.* L'analogie est en effet le

moyen par lequel la révélation nous découvre
et nous fait entendre en quelque sorte ce qui
est *surintelligible en soi;* car la parole extérieure, sauf un miracle, ne peut rien enseigner
à l'esprit que par l'entremise de la parole intérieure et naturelle, c'est-à-dire de la connaissance. Mais comment l'intelligible peut-il servir
à exprimer ce qui ne l'est point? Par l'analogie
qui existe entre ces deux ordres de vérités, et
qui nous fait connaître l'inconnu, non pas en
lui-même et d'une manière directe, mais indirectement, et dans le connu, qui en diffère essentiellement sans doute, mais qui lui ressemble. Dieu seul, qui pénètre l'inconnu, peut saisir
ses rapports avec le connu, et les révéler à
l'homme ; mais aussitôt que celui-ci les a appris
de la voix divine, il acquiert par eux une notion imparfaite du caché, qui suffit pour per-
fectionner sa raison, et réaliser le but moral
de la vie. La connaissance analogique est moins
complète que la science directe ; mais elle est
néanmoins une véritable connaissance , fort
précieuse, quand l'autre nous manque et nous
est impossible. Elle a un grand prix et occupe
une place considérable même dans les sciences
humaines, qui se réduiraient à bien peu de
chose, si l'on voulait éliminer d'elles toute connaissance indirecte.

Je vous demande pardon, monsieur, de cette digression aride, où je n'ai fait qu'ébaucher en peu de mots ce que j'ai développé ailleurs ; mais elle était nécessaire pour vous montrer le vice radical du rationalisme moderne, dont M. de Lamennais s'est fait le disciple. Les rationalistes substituent la connaissance directe, qui est le propre de l'idée claire et de la science, à la connaissance indirecte qui s'appuie sur des analogies révélées, et qui est le propre de l'idée obscure et de la croyance, et en voulant expliquer les mystères, ils les dénaturent. Les explications rationnelles du *supra-rationnel* révélé en général, et en particulier de la Trinité, ne sont légitimes qu'à titre de simples analogies fondées sur les formules, qui nous sont données par la révélation, et c'est seulement sous ce point de vue que les saints Pères, en particulier saint Augustin, et parmi les modernes votre illustre Bossuet, les ont envisagées. Que si tout en faisant de la philosophie sur cette auguste vérité, on conserve religieusement son essence, selon l'enseignement des Écritures et les définitions de l'Église, et si d'autre part on veut faire croire que, ainsi conçue, elle a une évidence naturelle, on introduit une fausse clarté et l'on nuit tout à la fois au dogme, en l'exposant à des attaques faciles, et à la science, en la faisant sortir de ses bornes légitimes. Le philosophe chrétien, guidé par la révélation, peut entrevoir dans ce saint mystère, malgré son obscurité intime, d'admirables lueurs et y puiser des harmonies rationnelles précieuses pour la science ; mais il doit bien se garder de tirer la formule du dogme et ses preuves fondamentales d'ailleurs que de la parole révélée, ou de faire des déductions, des rapprochements, des hypothèses qui répugnent aux données de cette parole. Sans cela, on confond deux sciences essentiellement différentes, qui doivent sans doute être unies, comme l'Église et l'État, dont elles sont à plusieurs égards l'expression, mais toujours distinctes, comme ces deux grandes sociétés. M. de Lamennais flotte entre les deux extrêmes : tantôt il sacrifie la rigueur orthodoxe aux convenances philosophiques, tantôt il enrichit la raison de données étrangères, qu'il expose ainsi à être dépréciées; de sorte qu'il est tout à la fois mauvais théologien et mauvais philosophe. Sa théorie ne contentera jamais les véritables chrétiens, ni ceux qui cherchent dans les études sérieuses et philosophiques autre chose qu'un beau style et de la poésie.

Mais c'est surtout dans le panthéisme que consiste le vice radical de l'*Esquisse*. Il est vrai qu'à entendre l'illustre écrivain, il a horreur de ce monstre et prétend même le réfuter ; mais

il n'est pas moins évident, qu'il professe les
principes essentiels de cette doctrine de la façon la moins équivoque. Ce phénomène n'est
pas étonnant dans un siècle où l'on trouve en
si grand nombre des panthéistes malgré eux, et,
ce qui est encore plus curieux, des panthéistes
qui réfutent le panthéisme. Tout le monde rougit et a peur de cet horrible système, et cependant la plupart des philosophes y tombent et le
professent sciemment ou malgré eux. Voyez
avec quels efforts M. Cousin cherche de s'en tirer; mais c'est en vain qu'il s'agite, il lui faut
passer par là. Je parle de sès premiers ouvrages; car il est à espérer qu'un homme d'un talent si élevé et d'un caractère si noble sera re-
venu à cet égard des opinions de sa jeunesse.
La cause de ce singulier phénomène, qui dans
le système le plus absurde nous montre la théorie la plus ancienne, la plus répandue et la plus
vivace hors de la véritable orthodoxie, c'est
que le panthéisme est en effet inévitable, lorsqu'on ferme l'oreille à cette parole extérieure
et divine, sans laquelle l'homme né peut s'entendre lui-même, ni élaborer par la réflexion
les trésors cachés dans sa pensée. L'idée de la
création substantielle est inhérente à l'esprit
humain, comme nous verrons bientôt; mais
elle ne peut être saisie par la réflexion et passer

du domaine de l'intuition dans celui de la science et de la croyance, sans le secours de la parole, qui dans son intégrité ne se trouve ailleurs que dans la religion révélée. On peut affirmer à la rigueur qu'il n'y a jamais eu que cette seule erreur philosophique dans le monde. Le panthéisme est l'hérésie mère, qui a enfanté toute les autres, depuis la doctrine de l'émanation qui en est la forme la plus ancienne jusqu'au fétichisme grossier des peuples sauvages et au rationalisme raffiné de nos jours. Ce n'est pas sans doute que tous les mauvais raisonneurs aient été expressément panthéistes; mais tous ont professé des dogmes qui découlent de ce système et y ramènent, et s'ils ne sont pas allés plus loin en suivant la portée de leurs conséquences et de leurs principes, c'est que la logique de l'individu est rarement rigoureuse et que pour le bonheur de l'humanité, la tradition et le bon sens empêchent souvent les mauvaises doctrines de porter tous leurs fruits. On peut démontrer aisément que toute pensée fausse est entachée de panthéisme dans ses prémisses et dans ses déductions, comme toute vérité rationnelle a sa racine dans l'idée d'un Dieu libre et créateur, dont la connaissance implique celle du monde avec ses lois et celle du lien mystérieux qui unit l'ouvrage à son auteur.

Une autre considération qui découle de la précédente et que je me contente d'indiquer (car pour la développer il faudrait écrire un livre,) c'est que le panthéisme sous une de ses formes quelconque, rigoureuse ou mitigée, est une doctrine universelle hors de la véritable Église. Aussitôt qu'un individu ou un peuple se sépare de cette grande famille, qui remonte par une chaîne visible et continue jusqu'à Adam, *l'enfant de Dieu* [1], il tombe plus ou moins dans le panthéisme. C'est une loi du monde moral, à laquelle personne, que je sache, n'a jamais complétement échappé. Par la même loi, le dogme de la création substantielle est un trait distinctif et un privilége de la société divine. La pensée humaine, depuis les premiers temps jusqu'à nous, a parcouru deux routes distinctes qu'on peut suivre des yeux dans la vaste étendue des pays et des siècles. La première de ces routes, qui peut être comparée à une ligne droite, lumineuse, continue, qui remonte à l'origine même de l'homme, consiste dans la révélation surnaturelle transmise par l'autorité et la tradition : c'est la pensée orthodoxe qui se fonde sur le *mystère-axiome* révélé et rationnel de la création, et le conserve dans toute sa pu-

---

[1] *Qui fuit Dei.* Luc. III. 38.

reté. La seconde, qu'on peut représenter par
une ligne tortueuse, enveloppée de ténèbres,
remplie d'interruptions, ne commençant qu'a-
près la chute, est tracée par la raison humaine,
qui manque d'autorité traditionnelle, et n'a que
quelques restes altérés de la révélation primitive ou renouvelée : c'est la pensée hétérodoxe
qui ignore ou nie la création, et par le défaut
de cette conception intermédiaire divinise la
nature ou humanise Dieu, et flotte ainsi entre
l'anthropomorphisme et l'apothéose. La première qui est unique, puisque l'unité est le caractère de la vérité, comprend l'Église catholique dans le sens le plus étendu du mot, c'est-à-dire
la société infaillible et divine avant et après le
Christ : la seconde qui est multiple, selon la
nature de l'erreur, embrasse le paganisme sous
toutes ses formes et avec toutes ses philosophies,
les hérésies chrétiennes, le nominalisme du
moyen âge et la philosophie qui prédomine en
Europe, depuis Descartes jusqu'à nous. A l'une
de ces deux séries appartiennent toutes les vérités, à l'autre toutes les erreurs ; car toute vérité dépend de la conception juste de Dieu et du
monde, de la distinction substantielle qui les
sépare, des rapports rationnels et révélés qui
les unissent ; toute erreur dérive de la confusion de ces deux idées, qui fait l'essence du

panthéisme. Chacune de ces deux vastes synthèses n'est qu'un développement logique de la vérité-principe ou de l'erreur-principe, c'est-à-dire de la doctrine de la création ou du dogme contraire. Ces deux systèmes sont les deux principes dynamiques qui enfantent, en se développant, le monde intellectuel et moral de l'histoire, dans ses deux champs opposés de la lumière et des ténèbres, du bien et du mal, de la vérité et de l'erreur, qui sous le double rapport de la connaissance et de l'action se partagent l'humanité. De là cette cité de Dieu et cette cité du monde, que le plus grand des Pères de l'Église nous a décrites dans son chef-d'œuvre. Dans chacune d'elles domine une idée : là, l'idée pure de la création substantielle, qui implique la notion exacte de Dieu, de l'homme et de leurs rapports ; ici, le fantôme du panthéisme. Et chacune de ces deux conceptions engendre un amour qui lui ressemble ; là, la charité, qui s'humilie devant Dieu, et place la souveraine fin de l'homme hors de lui, dans l'Être qui est son principe ; ici, la cupidité, par laquelle la créature s'adore elle-même, ce qui est l'idolâtrie de l'esprit, et, pour ainsi dire, le panthéisme du cœur. Il m'est impossible d'entrer dans des détails et d'appliquer à l'histoire un aperçu qui me paraît vrai et fécond. On pourrait montrer, je pense, que les hérésies mêmes qui nient ou altèrent quelque vérité purement surnaturelle, sont en rapport avec le panthéisme, et que les doctrines, par exemple, d'Arius, de Nestorius, d'Eutychès, des Monothélites, de Pélage, de Béranger, d'Abailard, de Wiclef, des Protestants et des autres sectaires plus modernes sont, dans le fond, panthéistiques. N'avons-nous pas vu, même de nos jours, le panthéisme jouer une comédie religieuse sous le nom de Saint-Simon? Mais cela me mènerait trop loin. Je ferai encore une remarque. Les Juifs étaient, avant le Christ, le seul peuple conservateur de la doctrine révélée dans son intégrité, et constituaient la véritable Église. Le dogme de la création est écrit en caractères précis et ineffaçables à la tête de. leurs livres. C'est sur ce dogme exposé en détail au commencement de la Genèse, et formulé dans le tétragramme, que le législateur inspiré de ce grand peuple fonda le majestueux édifice du monothéisme, du décalogue et de la loi. Eh bien, aussitôt que le peuple élu, en refusant de croire à l'accomplissement de la promesse, fut réprouvé et entra dans la malheureuse famille des nations hétérodoxes, l'idée de la création s'obscurcit à ses yeux. Plusieurs rabbins célèbres du moyen âge et les rêveurs de la Cabale,

secte juive, sont plus ou moins empreints de
panthéisme. M. Salvador, l'un des Israélites les
plus distingués de notre époque, le professe
ouvertement et continue sous nos yeux la chaîne
panthéistique du judaïsme déchu [1]. C'est dans
la lecture des docteurs juifs que puisa les pre-
mières idées de son système Benoît Spinosa, le
plus rigoureux et le plus terrible panthéiste
qui ait jamais existé. Spinosa lui-même était
juif. Je ne connais rien de plus admirable dans
l'histoire de la Providence que cette fatalité de
l'hérésie mère dans tout homme qui abandonne
ou méconnaît la véritable Église.

J'ai eu d'abord quelque surprise, en voyant
que M. de Lamennais débute dans son *Esquisse*
par l'idée de l'Être et pose l'existence de Dieu
à titre de vérité première, comme j'ai fait dans
mon *Introduction à l'étude de la philosophie*,
publiée en italien au commencement de cette
année (1840). Mais je me suis bientôt aperçu qu'il
avait copié Malebranche, et qu'il n'allait pas
plus loin que cet éminent penseur dans l'analyse
de cette idée. Or le défaut de Malebranche dans
quelques endroits de ses ouvrages (défaut purement négatif en lui) est d'avoir considéré
l'Être dans sa simplicité abstraite, qui, étant

[1] V. son *Hist. des instit. de Moïse.* Part. II. Liv. I. Ch. I.

également applicable au Créateur et aux créa-
tures, et ne pouvant rien produire, conduit
nécessairement à l'hypothèse d'une substance
unique, c'est-à-dire au panthéisme. Il est vrai
que la théorie de la vision idéale, qui est la
plus belle gloire de ce grand philosophe, ne
peut point se concilier avec la doctrine qui
place le point de départ de la pensée dans une
pure abstraction, et qu'il n'y a rien de plus
opposé au panthéisme que le système de Malebranche : aussi, je crois que telle n'était point
sa véritable pensée, et que dans le fond il était
d'accord avec saint Augustin, saint Anselme
et saint Bonaventure, qui sont les prédéces-
seurs de sa belle et magnifique théorie, quoiqu'il se soit exprimé quelquefois d'une façon
peu exacte. Quant aux conséquences pernicieu-
ses de la théorie de l'être abstrait, je puis vous
citer ma propre expérience, si vous me permet-
tez, monsieur, de vous parler un instant de
mes études. M'étant abandonné avec confiance,
il y a plus de dix ans, au principe de l'être
abstrait, que je croyais sûr, et en ayant suivi les
conséquences avec une rigoureuse logique, je
me trouvai panthéiste à mon insu. Après de
vains essais pour modifier ce panthéisme forcé
(corollaire d'une prémisse fausse mais spécieuse,
et sanctionnée par quelques noms respectables),

et pour le concilier avec les vérités chrétiennes, je connus que je m'étais trompé et que je
devais retourner sur mes pas et reprendre mes
analyses et mes synthèses. Je m'aperçus que
pour éviter l'erreur, il fallait ajouter à l'idée
de l'Être quelque autre notion, qui fût tout
à la fois primordiale et subordonnée à la première. Car, si elle n'était pas primordiale
par rapport à notre esprit, il serait impossible
de l'acquérir, puisque la conception isolée
de l'Être est improductive de sa nature : si elle
n'était pas subordonnée à l'autre idée et engen-
drée par elle, on tomberait dans un dualisme
absolu, qui n'est pas moins absurde que le
panthéisme, impossible à éviter dans l'autre
hypothèse. Or on peut obtenir cette seconde
notion, en tirant l'Être de son état abstrait, et
en le considérant comme concret, absolu et
créateur, puisque l'Être envisagé ainsi implique
l'idée d'un effet, c'est-à-dire d'une existence,
qui ne fait point partie de sa nature, mais qui,
libre produit de son vouloir, se lie avec lui
par la création. Ainsi, selon ce point de vue,
il y aurait un seul principe, d'où partirait
l'esprit humain, c'est-à-dire l'idée de l'Être
pur et nécessaire qui crée l'existence contin-
gente, et cette *vérité-principe* produirait un *prin-
cipe-fait,* savoir la réalité de l'existence elle-

même [1], et expliquerait sa distinction substantielle par l'idée intermédiaire de l'action créatrice. L'erreur de plusieurs philosophes (renouvelée par M. de Lamennais) consisterait donc à substituer l'Être abstrait, improductif par lui-même, à l'Être concret, absolu et créateur, dont l'idée implique celle d'une existence substantiellement distincte de l'Être et qui n'est pas fatalement émanée, mais librement créée par lui. Ainsi le grand principe de la création, qui se compose des trois idées d'Être, de création et d'existence, qui s'enchaînent, s'appuient et s'éclaircissent réciproquement, serait un axiome doué d'une évidence et d'une certitude absolues, et fournirait une base inébranlable à la science humaine.

Tel fut, monsieur, mon début hypothétique, qu'ensuite je vérifiai avec toute la rigueur scientifique dont je suis capable. Ce n'est pas que cette vérification fût nécessaire pour me donner la certitude ; car ma synthèse étant la

---

[1] Le lecteur se sera aperçu que je prends ici le mot *existence* selon le sens propre et originaire, qui s'est conservé dans le verbe *exsistere* de la bonne latinité, et non pas selon le sens abusif qu'on donne à ce mot en l'employant comme synonyme d'*être,* et qui est fréquent aujourd'hui en France, comme en Italie et ailleurs. Cette remarque a déjà été faite par Vico.

seule qui puisse se concilier philosophique-
ment avec le dogme catholique, cela seul suffi-
rait à mes yeux pour la mettre hors de doute.
Mais je voulus aussi chercher sa confirmation
scientifique, et les résultats que j'obtins dépassèrent mon attente. Voici en peu de mots
quel fut le procédé dont je me servis. Je dis-
tinguai d'abord l'état d'intuition de l'état de
réflexion de la connaissance humaine. Cette
distinction est un fait admis par la plupart des
psychologues, quoique personne, que je sache,
ne l'ait approfondie, ou se soit aperçu de son
immense portée dans tout le domaine des
sciences philosophiques. Toute réflexion, et en
conséquence tout raisonnement, présuppose une
opération antérieure, une intuition non réfléchie, qui lui fournit la matière sur laquelle
elle s'exerce, et qui est le véritable point de
départ de l'intelligence. La réflexion ne crée
rien, elle ne produit le fonds d'aucun élément
intellectuel, et ne fait que travailler sur les
matériaux qui lui sont fournis par l'intuition :
son pouvoir regarde la forme et non la matière
de la pensée. La première conséquence qui suit
de ce fait, c'est que toute donnée réfléchie doit
préexister dans l'intuition, et que nous avons
le droit de placer dans la pensée intuitive le
germe de tous les développements positifs de

la connaissance. Ainsi, si l'intuition contenait à sa manière tous les éléments réfléchis, sauf un seul, il s'ensuivrait un absurde, c'est-à-dire que toute réflexion où cet élément intervient serait impossible, et que l'élément lui-même n'existerait pas, ce qui est contradictoire, puisqu'il faut au moins penser ce qu'on veut exclure comme une chimère. Nous devons donc concevoir l'acte intuitif de telle façon, qu'il comprenne tout ce qu'il faut pour expliquer tous les éléments substantiels de la pensée, et en disant substantiels, j'exclus tout ce qui appartient à la forme, et qui comme tel est l'ouvrage du développement réflexif. Bref, la pensée intuitive ne doit pécher ni par défaut ni par excès : elle serait fautive, si elle excluait quelque donnée positive et substantielle de la connaissance réfléchie ; elle aurait du superflu, si elle embrassait tant soit peu ce qui appartient à la forme. Cela posé, j'ai prouvé que pour remplir ces conditions, la pensée intuitive doit percevoir *la causation complète, substantielle et libre de l'existence par l'Être*, et qu'en conséquence la vérité qu'elle saisit peut être exprimée par cette proposition : *l'Être crée l'existence*, qui me paraît construite avec les mots les plus simples, les plus propres et les plus précis qu'on puisse employer dans nos langues. C'est cette

formule que j'ai appelée *idéale*, en prenant
le mot *idée* dans le sens platonique, parce
qu'elle contient le fonds objectif de toute
connaissance rationnelle. La pensée qu'elle représente est objective, uniforme, identique
toujours à elle-même; elle est continuelle en
nous, exempte de succession, évidente au plus
haut degré; elle-même la source de toute évidence et de toute certitude, et l'on ne peut la
révoquer en doute, sans éteindre toute lumière
et anéantir la pensée même. Ensuite j'ai passé
en revue les problèmes les plus importants de
la philosophie et les éléments fondamentaux de
toutes les sciences, et j'ai montré qu'il n'y en a
pas un seul qui puisse s'expliquer sans elle, ou
ne puisse s'expliquer avec elle; de sorte que
ma formule me paraît posséder la plus haute
certitude scientifique, que l'esprit humain puisse
atteindre. J'ai prouvé, par exemple, que sans
elle il est impossible d'expliquer la perception
du contingent, dont le sceptique même ne peut
douter, puisque son doute ne peut pas s'étendre
logiquement au doute même; car on ne peut
saisir la contingence d'une chose, sans penser
avec elle et placer hors d'elle la raison absolue
qui la produit, et cette raison ne serait point
absolue, si elle n'impliquait pas une causation
substantielle et libre, puisque la nature absolue

4

de la cause implique la substantialité de l'effet,
et la contingence de l'effet implique la liberté
de la cause. Sans elle on ne peut pas non plus
expliquer le principe de contradiction et celui
de la raison suffisante, qui selon Leibnitz sont
les deux pôles de la raison humaine, ni établir
leur objectivité ; car ces deux principes étant
en eux-mêmes abstraits et subjectifs, doivent se
fonder sur quelque concret objectif, et étant
absolus, le concret objectif qui les supporte,
doit aussi être absolu. Or ce concret absolu ne
peut être que le contenu éminemment absolu,
concret et objectif de la formule idéale, qui par
le jugement implicitement contenu dans son
sujet, l'Être, qui se pose lui-même, nous donne
le principe de contradiction, et par l'énoncé
explicite de la création, qui est la causation
absolue, contenu dans l'attribut, nous fournit
le principe de la raison suffisante. Sans elle
enfin, il est impossible de raisonner, puisque
tout raisonnement a besoin de prémisses, qui
étant des propositions abstraites doivent en
dernière analyse se fonder sur un concret absolu, et recevoir de lui toute leur évidence et
leur légitimité. Ainsi, les preuves par lesquelles
on démontre l'existence de Dieu, tirent toute
leur force d'une intuition préalable, et comme
l'objet de l'acte intuitif est l'Être créateur, il

s'ensuit qu'on ne pourrait démontrer la réalité
de cet Être, si elle n'était pas intuitivement
présente à l'intelligence humaine. L'oubli de
cette considération importante a quelquefois
donné beau jeu aux athées, qui seraient sans
doute fort embarrassés à se tenir sur la brè-
che, si on leur faisait voir qu'ils affirment Dieu
en le niant. On ne doit jamais oublier quand
on prend la défense de la plus auguste des vérités, que l'homme ici-bas peut connaître Dieu de
deux manières, c'est-à-dire intuitivement et ré-
flexivement, selon le double état psychologique
où il se trouve et les deux modes de connaissance qui en résultent. Or l'existence de l'Être
créateur qui est sous le point de vue réfléchi
un théorème qui doit être prouvé, est sous le
point de vue intuitif un axiome qui ne peut
être démontré, puisqu'il est la base de toute dé-
monstration. La seule différence entre ces deux
faces de la même idée, c'est que dans l'intuition
elle est enveloppée, selon la nature de l'acte
intuitif qui n'est point assujetti à la durée suc-
cessive, tandis que dans la réflexion elle est
développée, selon la marche propre de cette
faculté, dont les actes sont subordonnés à la
succession temporelle. En appliquant le mot
d'intuition à la connaissance primordiale que
nous avons de l'Être suprême, il est clair que

je ne veux pas parler de cette vue de l'essence
divine, qui selon notre foi est réservée aux
bienheureux dans le ciel, et ne peut être ici-bas
que l'effet d'un miracle ; mais seulement de la
notion immédiate de Dieu telle qu'elle est exprimée par la formule idéale. La seule différence entre les philosophes que je combats ici,
et moi, c'est que selon eux cette notion de Dieu
n'existe en nous que d'une façon médiate et ré-
flexivement, tandis que selon moi elle est immédiate aussi et intuitive. Notre désaccord ne
regarde donc pas le contenu et la portée de
cette connaissance, mais la manière dont on
l'acquiert. Du reste, mon opinion à cet égard
est au pied de la lettre celle de saint Augustin,
de saint Bonaventure, de Malebranche, de Ficin,
de Thomassin, de Gerdil, sans parler de Platon
et des Alexandrins, et ce qu'il y a de nouveau
dans ma synthèse confirme la doctrine de ces
grands hommes. On n'a pas toujours le bonheur
d'être en si bonne compagnie.

Voilà, monsieur, de quelle manière, en mar-
chant pas à pas et en renforçant ma synthèse
par le procédé analytique, j'ai passé en revue
dans mon *Introduction* les idées fondamentales
de l'encyclopédie humaine, et j'ai montré leurs
rapports avec la formule idéale. Je me flatte
que mes déductions, quoique l'abondance des

matières m'ait souvent défendu de longs développements, ne pourront pas être facilement
ébranlées. Ce qui me donne cette confiance,
c'est qu'il me paraît voir dans cette doctrine la
seule base possible de la certitude, la véritable
science première, la science de la science, l'u-
nité intérieure qui anime la philosophie orthodoxe, et constitue la continuité de son histoire,
en faisant de ses anneaux une seule chaîne, et
enfin le lien primordial de la raison et de la
religion révélée. Car j'ai aussi fait voir que le
christianisme repose sur une formule surnaturelle, qui, quoique distincte de l'autre, lui est
parallèle, la présuppose et s'engrène avec elle,
en exprimant une synthèse nouvelle entre Dieu
et l'homme, dont le moyen terme réside dans
la personne de l'Homme-Dieu et dans son œuvre,
qui est le monde de la grâce et une seconde
création. Par rapport à l'histoire de la science,
la théorie de la formule idéale est le complément
de la vraie ontologie, qui est représentée par
deux grands triumvirats, dont l'un appartient
à l'époque moderne et se compose de Leibnitz,
de Malebranche et de Vico, l'autre est formé
par saint Anselme , saint Bonaventure et
saint Thomas, les trois champions les plus il-
lustres du réalisme dans le moyen âge. Cette
double triade fut précédée et préparée par

4.

saint Augustin, le Père des Pères, et le chef de
la glorieuse heptarchie de la science orthodoxe,
qui résume en sa personne la sagesse païenne,
dégagée de ses erreurs et surtout du panthéisme,
et la sagesse chrétienne élevée à l'état de
science, et qui ayant fondé le savoir de l'homme
sur le dogme primitif et fondamental de la création substantielle, reproduit par le christianisme, mérite d'être vénéré comme le père de
la philosophie et un nouveau Platon, plus
grand que l'ancien puisqu'il le surpasse de
toute la hauteur de l'Évangile. Mais aurais-je pu,
moi, faible penseur, suivre les traces de ces
grands hommes et apporter peut-être une pierre
pour l'achèvement de l'édifice, si ma pensée
n'eût pas été soutenue et dirigée par la foi et
par cette admirable parole, sans laquelle la
raison ne pourrait se comprendre elle-même, et
les vérités qu'elle renferme lui seraient éternel-
lement cachées ? Car le dogme de la création
qui est tout à la fois un axiome lumineux et un
mystère impénétrable, qui est la racine de toute
évidence rationnelle et de toute croyance religieuse, qui occupe la première place dans
l'encyclopédie comme dans le catéchisme, a été
deux fois réalisé par Dieu, sous le double rapport de l'ordre naturel et de l'ordre surnaturel,
à l'origine du monde et à celle du christianisme,

et deux fois manifesté et élevé au premier rang
de la connaissance, par la raison naturelle et
la raison révélée. Merveilleux accord de la nature et de la grâce qui nous montre dans quelques simples paroles, inscrites par Moïse sur
le frontispice de son livre, le point de départ
de l'intelligence humaine et le premier anneau
de cette chaîne scientifique, qui se rattache au
ciel et se perd dans l'infini !

M. de Lamennais admet Dieu et le monde,
comme deux vérités primordiales, qu'on ne
peut prouver. La proposition est inexacte dans
le sens qu'il lui donne, puisque l'existence de
Dieu et la création qui ne peuvent être démon-
trées sous le point de vue intuitif, peuvent l'ê-
tre fort bien dans l'ordre de la réflexion. Mais
passons sur cela, et contentons-nous d'entendre
le rapport qui lie l'univers à son auteur. Quel
est-il ce rapport, selon l'illustre écrivain ? C'est
la création. A merveille ; mais création de quoi ?
Est-ce la création de l'Être ? Non, car l'Être est
un, absolu, infini et ne peut pas se produire
lui-même au dehors, ni se multiplier. L'auteur
le dit et le répète à chaque instant [1]. Est-ce une

---

[1] *Esquisse*, t. I, p. 40-47, 58, 65, 80, 86, 104-113,
121, 132, 133, 139, 140, 149, 180, 211, 262, 263, 277,
338, 339 ; t. 2, p. 4, 5, 67, 83, *et alibi passim*.

création substantielle? Non, car la substance
du monde est selon lui l'être du monde, et l'être
du monde est le même être de Dieu [1]. Il est
impossible d'admettre la création substantielle,
si l'on ne distingue pas l'Être de l'existence ;
distinction qui peut être sans doute énoncée
par des termes fort différents, mais que l'auteur
de l'*Esquisse* exclut d'une manière expresse.
Donc, si l'Être ne peut pas devenir le sujet d'une
création, et s'il n'y a rien de réel, de substantiel
que l'Être, ou il faut rejeter la création comme
une illusion complète, ou bien il faut la concevoir comme une simple manifestation au dehors,
comme une limitation de l'Être même. M. de
Lamennais a pris ce dernier parti, qui en apparence est moins choquant pour le sens commun,
mais qui au fond est peut-être encore plus
absurde. Or n'est-ce pas là le panthéisme des
Allemands modernes, selon lequel l'absolu se
pose comme sujet et comme objet, et devient
de la sorte esprit et nature? N'est-ce pas là le
vieux panthéisme oriental sous sa forme poétique, c'est-à-dire le système de l'émanation, en-
seigné clairement dans les Védas, reproduit
dans les lois de Manou et dans l'épopée de

---

[1] L'auteur dit expressément que l'*Être* et la *substance*
sont identiques. *Esquisse*, t. I, p. 40 et 41, 58, *et al. pass.*

Vyasa, expliquée par les écoles de Patandjali et de Kapila, et celles des deux Thoth et de Lao-tseu ? N'est-ce pas là la doctrine dont on trouve les traces affaiblies dans les King de Confucius et de Meng-tseu, dans les livres attribués à Zoroastre, dans le Boundehesch et dans les deux Edda ? N'est-ce pas le même dogme, qui, selon toute probabilité, fut porté de l'Iran primitif en Europe par les migrations japhétiques des Pélasges, des Germains, des Slaves, dont les fables en gardèrent l'empreinte, et qui présida peut-être à la civilisation mystérieuse des Turdetains et des ancêtres de la famille euskarienne ? Ne faut-il pas répéter de la même source l'enseignement sacerdotal des corporations cabiriques de Samothrace et d'Irlande , des Hiérophantes, des Curètes, des Lucumons, des Scaldes et des Druides ? Les monuments et les mythes du nouveau monde ne nous portent-ils pas à supposer que la même croyance y fut transplantée par les Toltèques et peut-être les Ulmèques du Mexique, par les peuplades inconnues qui créèrent les merveilles de Palenqué, d'Ytzalane et de Tahuanaco, et par les Héliades de Condinamarca et du Pérou ? N'est-ce pas là en un mot la source primitive de toutes les mythologies du monde, du polythéisme, de l'idolâtrie, puisque la cause de tous ces égare-

ments est la confusion de l'idée divine avec
celle de l'univers? N'est-ce pas là enfin l'erreur
ressuscitée par les Alexandrins et les Gnosti-
ques au commencement de notre ère, renouvelée
dans le moyen âge par les Ssofis et quelques
sectes ismaélitiques en Orient, par Amaulry,
David de Dinant, Erigène, et les faux mystiques
dans l'Europe chrétienne, reproduite plus tard
par le malheureux Bruno et par quelques théo-
sophes, et dont on trouve les vestiges évidents
dans la philosophie grecque depuis Pythagore,
Héraclite et Empédocle jusqu'à Platon, aux
cinq Académies, au Lycée, à Épicure et aux
Stoïciens? La forme exotérique, les accessoires
et les modifications apportées par le sens commun des peuples ou le bon sens des individus,
varient prodigieusement dans toutes ces théo-
ries; mais sous ces divergences il y a toujours
un fonds identique, qui est l'erreur-principe,
le mélange de l'Être et de l'existant, du nécessaire et du contingent, de Dieu et du monde.
Le panthéisme plus rigoureux des Védantins,
des Bouddhistes, de quelques Éléates et Méga-
riques, et enfin de Spinoza ne diffère de l'autre
que par une plus grande précision scientifique.
Car si l'Être divin est identique à ce qu'il y a
de substantiel dans le monde, le seul élément
propre de celui-ci est une simple négation,

une forme vide, un phénomène sans réalité [1].

Un de vos journalistes, monsieur, a été ravi d'admiration par la définition de la matière qu'on lit dans l'*Esquisse*, et s'est écrié que c'était là la grande et immortelle découverte de M. de Lamennais. En vérité il m'est difficile de m'associer aux admirateurs, et si quelque chose m'étonne, c'est qu'on ignore que la *négativité* substantielle de la matière est une opinion aussi ancienne que fausse, et que l'erreur dans ce cas n'a pas même le mérite de la nouveauté. Cette erreur découle rigoureusement du dogme panthéiste et a été expressément enseignée par plusieurs philosophes de l'Inde et de la Grèce, même par ceux dont le panthéisme est voilé et modifié par le bon sens et les restes de la tradition légitime, tels par exemple que Platon et Aristote. Il est sans doute fort plaisant d'entendre louer à titre de découverte une erreur aussi vieille que le paganisme.

Je m'aperçois, monsieur, que j'abuse de votre bonté et que j'écris une dissertation à la place d'une lettre. Je reviens donc au sujet principal qui m'a fait prendre la plume. M. de Lamennais

---

[1] Je prouverai la vérité ou au moins la vraisemblance des assertions historiques que j'avance ici, dans le second livre de mon *Introduction à l'étude de la philosophie*.

renouvelle dans l'*Esquisse* ses attaques contre le catholicisme et va même plus loin que dans ses précédents ouvrages, puisqu'il rejette expressément les dogmes de la chute originelle de l'homme, de l'incarnation du Verbe, de la rédemption du genre humain, de la nécessité de la grâce divine et toute révélation surnaturelle [1]. Les raisons dont il appuie ses impiétés sont si banales et si faibles, qu'on en rougit pour l'honneur d'un homme qui veut justifier par elles sa triste défection. On ne sait plus où l'on est, lorsqu'on voit un esprit si distingué, un écrivain si habile compromettre la réputation de son incrédulité même par des sophismes si peu saillants. En les lisant on se ressouvient du premier écrit, par lequel l'auteur signala son schisme [2], de ce livre élégant et vide, rédigé en style de roman, où l'orgueil blessé se trahit par le sarcasme, et où en voulant prouver que l'Église a proscrit la liberté par la condamnation de la révolte, qui est sa plus grande ennemie, on le fait avec des raisons si pitoyables que le plus médiocre sophiste saurait faire mieux. Voilà la peine que Dieu inflige aux beaux esprits qui oublient la sagesse ; il les

---

[1] *Esquisse*, t. II, p. 54-67, 78-93.
[2] Les *Affaires de Rome*.

laisse déraisonner comme des radoteurs ou des enfants. M. de Lamennais n'est pas plus heureux dans l'*Esquisse*, lorsqu'il tâche d'ébranler l'unité originelle de notre espèce par des arguments qui ont été réfutés cent fois par des hommes, dont le nom seul fait autorité en ces matières [1]. Il est surprenant qu'il ignore que cette douce et consolante vérité qui est historiquement et religieusement certaine, et sur laquelle la science ne peut point prononcer dans son état actuel d'une façon définitive, si elle reste dans le cercle de ses propres attributions et ne s'appuie pas sur la foi et sur l'histoire, a cependant, tout compté, une probabilité scientifique plus forte que l'opinion opposée. On peut rire de ceux qui affirment le contraire, quand on a les Blumenbach et les Cuvier de son côté.

Mais ce qu'il y a ici de plus singulier, c'est l'éclatante contradiction de l'auteur avec ses propres doctrines. Comment en effet se serait-on attendu de voir un philosophe *humanitaire*, qui entraîné par le plaisir de donner un démenti à l'Église catholique, sape, sans s'en apercevoir, les fondements de son propre système? Chose merveilleuse! Un chrétien renonce à sa

---

[1] *Esquisse*, t. II, p, 188, 189, 190, 191.

foi, un prêtre catholique abjure son caractère et son baptême pour exagérer les droits qui découlent de la fraternité humaine, et il anéantit en même temps les titres religieux et historiques, les seuls titres certains de cette vérité sublime ! Peut-on ne pas admirer dans ce suicide de l'erreur la justice de la Providence ? Je défie tous les philosophes du monde de prouver démonstrativement, c'est-à-dire par des raisons définitives et non par de simples probabilités, qui ne pourront jamais enfanter un devoir, que tous les hommes sont frères, si l'on nie l'unité de la souche d'où ils sont sortis. D'abord l'identité spécifique de la nature, même en la supposant prouvée, ne suffit point pour donner à l'union sociale toute la force et l'intimité dont elle est susceptible ; car si les rapports de famille n'avaient point de valeur en morale, un fils ne serait pas plus lié envers son père et sa mère qu'envers les étrangers. Or, si selon la voix de l'instinct et les lois de la nature, les rapports moraux sont d'autant plus forts et plus intimes qu'ils sont cimentés par les liens du sang, n'est-il pas clair qu'en niant la consanguinité de tous les hommes fondée sur l'unité originelle de l'espèce, tout en gardant l'identité spécifique de la nature, on relâche le nœud qui lie les individus et les peuples, et on annule ce

qu'il y a de plus spontané et de plus énergique
dans leur union ? Vous affaiblissez donc l'amour
sacré de vos semblables, au lieu d'en augmen-
ter la force, et vous prêtez avec vos sophismes
un nouvel appui aux passions haineuses et
égoïstes qui sont déjà si terribles, car, si les
hommes s'égorgent si souvent entre eux, tout
en se croyant issus d'un seul père et membres
d'une seule famille, que feront-ils quand vous
leur aurez persuadé qu'ils sont étrangers l'un
à l'autre? Mais il y a plus : si vous admettez la
multiplicité primitive des races, vous ne pourrez pas même soutenir leur identité naturelle,
et le dogme de la fraternité tombera complète-
ment. L'identité de nature suppose l'égalité
substantielle des âmes ; or cette égalité sera
toujours douteuse, si en rejetant la révélation
et l'histoire, vous êtes réduits à fonder vos rai-
sonnements sur la seule observation extérieure
de l'humanité actuelle. Ne pouvant pénétrer
dans le principe qui anime vos semblables, et
étant forcés à l'étudier, pour ainsi dire, à tra-
vers du corps, vous devez juger de sa nature
d'après ses résultats visibles : or étant incontes-
table que les races diffèrent actuellement les
unes des autres par quelque côté de l'organisme
et par le degré de leur aptitude à la civilisation,
vous ne pourrez jamais conclure avec certitude

que l'âme du nègre, par exemple, est foncière-
ment égale à celle de l'Européen. Ce doute n'a
point de prise sur le philosophe chrétien, qui,
en partant *à priori* du dogme révélé et du fait
historique de l'unité primordiale, admet l'égalité substantielle des âmes, quoique l'état actuel de la science ne lui permette pas toujours
d'expliquer d'une manière directe les variétés
organiques et morales des peuples : mais il est
inévitable, lorsqu'on raisonne *à posteriori,* et
qu'on veut remonter du corps à l'âme, et de la
condition actuelle des races à leur origine. Si
vous le niez, vous vous réfutez vous-mêmes ;
puisque les mêmes raisons qui vous portent à
rejeter l'unité de souche, vous empêchent d'admettre l'unité de nature. Celle-ci ne peut être
par rapport à notre manière de connaître qu'un
corollaire de l'autre : le refus que vous faites
d'adopter les prémisses, ou le doute que vous
répandez sur elles, doit s'étendre à la conséquence. Et voyez quel étrange contraste ! Moi
qui admets l'unité originelle de l'espèce comme
plus probable sous le point de vue scientifique
que l'opinion contraire, j'avoue cependant que
cette seule probabilité ne peut point produire
la certitude, et je fonde le dogme de la fraternité humaine, qui a tant d'importance pour les
devoirs et les droits légitimes des peuples, sur

la base solide et inébranlable de la révélation et de l'histoire : vous qui rejetez ou révoquez en doute le principe logique d'où ce dogme découle, vous qui refusez de croire à la plus authentique des traditions et à la lumière révélée, vous qui séparez à son origine l'Européen du nègre et le Malais du Mongol, comme l'homme du singe, vous affirmez ensuite que la fraternité du genre humain est une vérité certaine! Dites-moi donc, admirables logiciens, ce désaccord entre vous et moi est-il à votre avantage? Si l'on se place sur votre terrain, comment peut-on raisonnablement croire que ces malheureux sauvages de la Nouvelle-Galles du Sud et de Mallicolo, qui par l'ouverture de leur angle facial, la forme du crâne et l'intelligence bornée se rapprochent en apparence si fort de l'ourang-outang, soient des hommes comme nous? Et alors que répondrez-vous aux défenseurs de l'esclavage? Ne voyez-vous pas, plaisants philanthropes, que l'inégalité originelle des races est l'argument dont on s'est toujours servi, depuis Manou et Aristote jusqu'à nous, pour légitimer cette institution et exercer un abominable trafic en sûreté de conscience? N'est-ce pas par le même sophisme qu'on veut justifier cette horrible traite, contre laquelle le pontife de Rome, que vous accusez, élève sa voix puis-

5.

sante et paternelle ? Est-ce donc le pape, ou
M. de Lamennais, qui par sa doctrine consacre
ces infamies ? Allez en Amérique, chez vos démocrates du Nord, prêcher la délivrance de vos
frères noirs qui gémissent dans la plus dure
servitude, et vous serez goudronnés, emplumés,
assommés par vos frères blancs de ce beau
pays ; car c'est ainsi que le peuple-roi couronne
les amis de l'humanité. Mais vous n'aurez pas le
droit de vous plaindre ; car l'oligarchie plé-
béienne des États-Unis que vous appelez plai-
samment une démocratie, et que vous admirez
comme une république modèle, ne fait que
tirer les conséquences logiques de vos prémisses. Cessez donc de vanter une philosophie
humanitaire, qu'il vous est impossible d'établir, sans recourir aux principes d'une religion
que vous foulez aux pieds. La fraternité humaine, dont vous faites tant de bruit, est ren-
versée par votre doctrine, et ne peut être élevée
au rang d'un principe, que par l'autorité historique et divine de cette Bible que vous relé-
guez parmi les livres mythiques, et par la voix
de cette Église, qui en déclarant tous les hommes issus de la même souche et rachetés par le
même sang, ajoute au dogme consolateur tout
le poids de ses croyances. Raisonneurs incon-
séquents ! Vous vous attendrissez en voyant les

larmes et les cicatrices du pauvre esclave, et vous effacez sur son front le signe divin qui en fait un de nos frères, vous déchirez la charte de ses droits immortels !

Dans les circonstances où se trouve M. de Lamennais, il m'est fort pénible de devoir entrer dans quelques détails sur sa personne. Je n'ai pas sans doute à pénétrer dans le sanctuaire inviolable de la vie privée, et dussé-je même le faire, il n'y aurait rien de compromettant pour un homme, dont la probité est universellement reconnue et dont les vertus morales ont des droits à l'estime de tous les partis. Non, les fautes de M. de Lamennais n'appartiennent point à l'homme privé, mais à l'écrivain public sur le compte duquel on peut dire son opinion sans blesser les convenances, et on doit le faire, lorsque les plus hauts intérêts l'exigent. J'y suis forcé par les étranges panégyriques que fait de lui une faction bruyante qui l'a choisi pour idole. Puisqu'on veut en faire un dieu et sanctifier par l'éclat de son nom ses déplorables erreurs, il faut montrer qu'il est un homme.

Vous connaissez sans doute, monsieur, les louanges ampoulées et presque ridicules, que depuis quelque temps vos journalistes versent à pleines mains sur M. de Lamennais. A les entendre, c'est un homme extraordinaire, un

apôtre, un prophète, un héros, un martyr, c'est
le devoir incarné et plus encore peut-être ; car
je ne connais qu'une très-petite partie de vos
publications républicaines, et n'ai guère envie
d'en connaître davantage. On épuise sur son
compte toutes les hyperboles que la flatterie ou
le fanatisme peuvent imaginer. M. Pierre Leroux,
qui tout à l'heure était le messie, n'en sera-t-il
point jaloux ? Je n'en sais rien, mais on pourrait le croire, s'il n'y avait pas dans ce nouvel
Olympe, comme dans l'ancien, de la place pour
tous les dieux. Ce qui est sûr, c'est que mon
faible esprit ne conçoit rien à toutes ces extases.
M. de Lamennais est sans doute un homme fort
honorable ; mais est-il un héros ? Non. Il est
un auteur célèbre, mais non un grand homme,
un grand philosophe, un grand politique et
j'oserais même dire, malgré les beautés incon-
testables de son style, un grand écrivain ; car
la grandeur dans tous les genres ne peut point
se séparer dans mon esprit de la droiture du
jugement, de la force de l'âme, de la fermeté
dans la conduite et dans les opinions. Il y a un
caractère de l'esprit, comme un caractère du
cœur, et l'un n'est pas moins nécessaire que
l'autre pour qu'un individu s'élève dans l'échelle
morale au-dessus du commun des hommes.
Plus j'examine la vie publique et les écrits de

M. de Lamennais, et plus je suis porté à croire
que sa raison est excessivement faible, et qu'il
y a plus d'impétuosité que de vigueur dans son
âme. Toute sa force est dans l'imagination,
dont il a toujours été l'esclave, comme il est le
jouet de l'opinion, de son amour-propre et de
ses flatteurs. On a beau crier contre tous les
gouvernements, et se poser en Socrate devant
ses juges : cela ne trompe personne, excepté
ceux qui ignorent que les désagréments qu'on
a en France en combattant le pouvoir, sont
bien compensés par la vanité. La popularité et
même la gloire du jour ont peu d'ascendant
sur les esprits d'une forte trempe, qui apprécient
par-dessus tout ce qui est bon et vrai en soi. Si
ces âmes d'élite rencontrent quelques fleurs
sur leur passage, elles en jouissent sans trop
s'y arrêter, et lorsque le charme est fini, elles
savent rentrer en elles-mêmes, et puiser dans
la méditation solitaire et dans l'accomplissement de leurs obscurs devoirs cette sérénité
intérieure, qui assure le calme et la dignité de
la vie. Elles méprisent toute renommée qui n'est
pas le prix de la vertu, et loin d'obéir aux caprices et aux exigences insolentes de la multitude, qui, comme les mauvais princes, n'accorde ses faveurs qu'à ceux qui flattent ses
passions déréglées, elles se plaisent à mépriser

l'opinion injuste, et goûtent une joie austère à
la fouler aux pieds. Les hommes vains et lé-
gers, au contraire, aiment le bruit ; ils ne peuvent vivre sans faire parler d'eux et sans se
montrer sur la scène ; ils ont besoin d'avoir un
nombreux auditoire, des applaudissements, des
ovations ; une vie paisible, humblement active
et cachée, est à leurs yeux pire que la mort ; la
solitude surtout leur est insupportable : on di-
rait qu'en restant seuls avec eux-mêmes, ils crai-
gnent d'être en mauvaise compagnie. Et comment pourraient - ils devenir promptement
célèbres et jouir de leur renommée, s'ils ne
flattaient pas les préjugés de leur pays et de
leur siècle? Les voilà donc obligés de se faire
esclaves de l'opinion, de changer avec la mode,
de s'attacher à un parti, de le caresser, le servir, d'obéir à tous sés caprices et de sacrifier
ainsi aux passions d'autrui et à leur propre ambition les croyances les plus sacrées, l'honneur
et la vertu même. Ces esprits ambitieux se
croient libres et indépendants parce qu'ils
crient contre l'autorité, et se persuadent d'être
de grands hommes parce qu'ils résistent aux
puissances légitimes ; ils ne s'aperçoivent pas
que la liberté dont ils sont fiers est la pire des
servitudes, et que si les valets des rois ne valent
pas grand'chose, rien n'est plus méprisable

que les valets des peuples. La soif de la renommée et de l'éclat a toujours dominé M. de Lamennais, et a été la cause de tous ses écarts. C'est
cette passion malheureuse qui l'a entraîné dans
tous les partis, et lui a fait sacrifier chaque fois
à la vanité du moment la réputation du passé
et la gloire de l'avenir. Elle l'a poussé toujours
à vouloir réformer, changer, bouleverser tout
ce qui existe, philosophie, religion, Église, société, sans peser ses forces, sans examiner la
nature, la portée, les conséquences de ses plans,
et en se conduisant dans les choses les plus
graves avec une légèreté inconcevable. Aussi
ses projets puérils et dénués de toute consistance sont tombés soudainement comme ces
châteaux de cartes qui amusent le loisir des enfants. Les réformateurs sont quelquefois utiles ;
mais pour réussir, ils doivent posséder au plus
haut degré trois qualités, l'originalité du génie
qui conçoit, la sagesse de l'esprit qui prépare,
et la force de la volonté qui exécute les réformes. Quand ces trois avantages se réunissent
dans un homme, et que la Providence le place
dans les circonstances convenables, il peut être
réformateur sans danger et devenir le plus
grand parmi les grands hommes de toute une
époque ; car l'instauration et le développement
du passé légitime (en quoi consiste toute sage

réforme), est la plus belle des gloires, puisque la création, proprement dite, dont elle est une image, est interdite au pouvoir des mortels. Voilà les hommes qui fondent ; voilà ceux qu'on appelle créateurs des sciences, des religions [1], des empires. C'est là le titre qui assigne une place unique dans l'histoire à Grégoire VII et au Dante, les deux plus grands fondateurs humains qui aient jamais existé, puisqu'ils créèrent les institutions, la pensée et toutes les merveilles de l'Europe chrétienne. En effet, on peut affirmer, sans crainte d'exagération, que la dictature réformatrice du premier et le poëme du second sont le germe, d'où sortit cet arbre magnifique de la civilisation moderne, dont nous cueillons les fruits et dont les branches s'étendront avec le temps sur toutes les parties du globe. Un des caractères des sages réformes c'est la stabilité de leurs œuvres ; car la durée est la contre-épreuve de la bonté des institutions et le sceau de la Providence, comme le temps est le reflet de l'éternité. Aussi les novateurs qui détruisent, ne jouissent que d'une

---

[1] Les fondateurs des fausses religions de l'antiquité furent de grands hommes autant qu'ils s'efforcèrent de corriger les superstitions de leur temps et de rétablir là religion primitive. C'est le seul point de vue, sous lequel je les considère ici.

gloire usurpée, qui brille un instant et s'éva-
nouit avec leurs ouvrages ; il ne reste des deux
côtés que des ruines. Où est-elle aujourd'hui
la gloire d'Arius ? Quel sort aura-t-elle d'ici à
un siècle celle de Mahomet et de Luther ? Car
les siècles sont des jours dans l'histoire de l'humanité. Mais quant à M. de Lamennais, la célé-
brité de ses œuvres éphémères ne peut pas
même être comparée à celle de ces démolis-
seurs en grand. Il ne peut point abuser, comme
eux, d'un génie fondateur qui lui manque tout
à fait. Son ambition est de la vanité, et le renom
qu'il a acquis comme philosophe, politique,
théologien, ne fut qu'un vain bruit. En l'accu-
sant de vanité, je ne veux pas en conclure qu'il
agisse par un froid et misérable calcul : son
franc et noble caractère me défend de le croire ;
mais il est dupe de son amour-propre et de ses
fantaisies. Il y a au fond de notre cœur un redoutable sophiste, dont la voix insinuante se
confond souvent avec celle de la raison, et
usurpe sur cette reine de l'intelligence le gouvernement de nos facultés. C'est l'orgueil, qui
pénètre notre âme déchue, engendre toutes les
passions et tous les maux qui désolent le monde.
Il pousse les hommes à leur insu, si la vigilance
n'est pas extrême, et il les aveugle, en leur faisant prendre pour une lumière céleste ses som-

6

bres et incertaines lueurs. Tous les moyens
sont bons pour les victimes de ce conseiller
perfide : le scandale même conduit à son but.
Voyez avec quelle intrépidité le célèbre écrivain
a embrassé le schisme ! Luther lui-même a hé-
sité davantage devant l'abîme. Il n'y est allé
que pas à pas, et a reculé plusieurs fois à la
vue du gouffre ; tandis que son émule y a sauté
d'un seul bond. Et que voulait-il enfin ce malheureux prêtre en donnant un si grand scandale ? Il voulait étonner les hommes. Il a réussi ;
mais quel triste étonnement !

C'est en vertu du même principe qu'il s'est
toujours incliné devant ceux qui l'admirent, et
qu'il réserve sa sévérité et ses dédains pour les
hommes dont l'estime garde quelque mesure.
Les flatteurs ont beau jeu avec lui : il a tant
besoin d'être loué ! Étudiez-le dès le commencement de sa nouvelle carrière, après qu'il eut
rompu avec l'Église. Comme il caresse tous les
pouvoirs de la secte républicaine, qui est le
seul refuge qui lui reste ! Comme il célèbre ses
grands hommes ! Avec quels éloges il parle des
révolutionnaires et des esprits forts ! Avec quel
ton pathétique il honore du titre de confesseurs
et de martyrs les complices de la révolte ! Il
chante les noms qu'il avait flétris et traînés
dans la boue, et il adore ce qu'il avait maudit !

Ne croyez pas trop cependant à ces panégyriques : ils ne sont pas parfaitement désintéressés. Celui qui les prononce est un néophyte, qui tâche de donner par sa docilité et par son zèle des gages de sa conversion. S'il vous loue et vous admire avec tant d'effusion, c'est qu'il a envie d'être loué et admiré par vous. C'est là sa faiblesse, qu'il lui faut pardonner. Il veut devenir, en un mot, le premier personnage de votre société, car le besoin de régner quelque part est sa fantaisie à lui, et c'est pour cela qu'il brigue avec tant d'instance vos suffrages. Adorez-le, proclamez-le un génie, un prophète et que sais-je ? un dieu, et vous serez quittes envers lui. N'ayez pas peur du reste qu'il se roidisse, et qu'il abuse de sa place en vous asservissant à ses opinions, car il embrassera les vôtres, pourvu que vous ayez l'air d'adopter les siennes. Faites-le roi et soyez sûrs qu'il régnera et ne gouvernera pas. Quand il sera sur le trône, vous le trouverez doux et souple comme un agneau. Il répondra à vos hommages en baissant la tête et en disant avec un air de componction : Je ne suis rien [1]. Vous croiriez que c'est un trappiste qui parle. Mais si au contraire vous osiez contredire un peu brusque-

---

[1] *Voyez* le National du 25 décembre 1840.

ment cet homme si humble, fussiez-vous évêque
ou pape, il se dressera fièrement contre vous,
et vous lancera à la face le sarcasme et l'ana-
thème. Il ne faut pas le heurter, et le peuple
même, s'il s'avisait de le faire, y échouerait
comme tant d'autres. Malheur à celui qui en-
court la disgrâce de M. de Lamennais ! Le pape
le sait bien, car ayant eu la hardiesse de le re-
fuser pour supérieur, ou au moins pour collè-
gue, il s'en est fort mal trouvé. Avant cette
époque, rien n'était plus sacré pour M. de Lamennais que le père commun des fidèles. Mais
il y avait alors en France des gens qui faisaient
la cour à l'écrivain célèbre, et l'appelaient
saint Athanase et saint Augustin ; ces compli-
ments lui tournèrent la tête, et il se crut tout
de bon un Père de l'Église. Il ne savait pas
que ce qui a fait ces grands hommes ce n'est
pas le beau style ni même le talent et le génie,
mais la science sanctifiée par l'humilité. Rome
ne donna pas dans le piége ; car elle s'était
aperçue que le nouveau docteur de la chrétienté,
malgré ses talents, bronchait en théologie, et
n'était pas même très-fort sur le catéchisme ;
néanmoins elle le traitait avec son indulgence
accoutumée. M. de Lamennais, enhardi par
l'enthousiasme des uns et la tolérance des autres, proposa enfin au pape ce que vous savez ;

il ne s'agissait rien moins que de changer en
bulle la *Déclaration des droits de l'homme*. Le
pape fut effrayé, comme de raison, non pas de
ce beau projet, mais de l'état cérébral de
celui qui l'avait conçu, et crut devoir faire un
acte de paternité, en rappelant à l'ordre le prêtre
égaré, et en lui faisant poliment entendre que
son infaillibilité était un peu moins sûre que
celle du successeur de saint Pierre. Alors tout
fut perdu. Les yeux de M. de Lamennais se des-
sillèrent tout à coup, et il acquit *une profonde
conviction* [1] que ce catholicisme, pour lequel il
avait tant combattu, hélas! était une fable. Ne
pouvant plus se flatter d'être pape à Rome, il
se résigna à l'être au moins dans un petit coin
de Paris, et passa du côté du peuple, c'est-à-
dire de quelques journalistes et écoliers, qui
lui conférèrent la tiare, sauf à le charger de
mettre en beau style toutes leurs folies, et à
faire bon marché de sa papauté.

Ah! si M. de Lamennais eût connu la véritable grandeur, il se serait conduit bien autre-

---

[1] *Affaires de Rome,* Paris, 1836, p. 295, 303. Rien ne
serait plus divertissant que de recueillir et rapprocher
toutes les phrases d'assurance, par lequelles M. de Lamennais a signalé chacune de ses variations depuis trente ans;
mais la tâche serait fort longue.

ment, et sa position actuelle, même humaine-
ment, serait digne d'envie. La souveraine
grandeur consiste à se vaincre soi-même, et à
sacrifier au devoir le sentiment de l'orgueil, qui
est la plus forte et la plus enivrante des passions. Celui qui consomme ce grand sacrifice,
ne peut point en jouir au milieu de la lutte
terrible qu'il soutient contre sa malheureuse
nature : il est déchiré, consterné ; nulle dou-
ceur qui tempère l'amertume de son âme ; nulle
perspective où son imagination puisse se repo-
ser à l'aise ; le ciel même cesse de lui sourire,
et la seule ressource qui lui reste, c'est l'immensité même du sacrifice et l'anéantissement
complet de son être pour l'amour de Dieu. Mais
lorsque l'acte est accompli et que le cœur humain a triomphé de lui-même, le spectacle
change, et le héros chrétien qui avait cru tout
immoler, jusqu'à son nom, s'aperçoit d'avoir
grandi dans l'opinion publique et de ceux-là
même qui appelaient faiblesse la plus belle victoire que puisse remporter un homme. Voilà la
douce et noble récompense que Dieu accorde,
même ici-bas, aux esprits humbles et forts.
Oui, si M. de Lamennais eût obéi à la voix de
l'Église, s'il se fût humilié devant elle comme
un enfant docile, il serait devenu grand, admirablement grand : il surpasserait en grandeur

morale toutes les célébrités modernes, et n'aurait d'égal que Fénélon.

Au contraire, comme il est tombé! Comme il est tombé cet ange de lumière, que le génie de la religion avait placé si haut! Qui n'aurait pitié de ce pauvre vieillard, dont le talent est si beau, dont l'âme, malgré ses égarements, est si noble et si tendre, à le voir devenu la proie des factions et l'objet de leurs impies apothéoses? Qui ne serait heureux de donner sa vie et tout ce qu'il a de plus cher au monde, pour le tirer d'un tel état? Et quel bandeau, grand Dieu, lui couvre la vue! Il s'honore dans son aveuglement de ce qui ferait rougir un autre homme, et croit monter au Capitole, pendant qu'on le traîne aux gémonies! N'est-ce pas là une espèce de folie et la plus déplorable de toutes? Mais faut-il désespérer de lui? Est-il perdu sans ressource? Devons-nous pleurer la mort d'un frère, sans qu'aucun espoir adoucisse nos larmes? Oh! non, on serait trop malheureux si l'on pouvait le croire, et l'Église qui gémit comme nous, mais qui à ses pleurs mêle des prières, nous défend de renoncer à sa plus douce espérance. Une des propriétés merveilleuses du christianisme, c'est qu'il offre toujours à ses enfants égarés des moyens sûrs et puissants pour recouvrer leur première grandeur et surpasser

encore, s'ils le veulent, leur ancien rang. Si
Dieu permet quelquefois qu'une étoile se déta-
che du ciel, pour nous faire trembler sur notre
misère, il plaît aussi souvent à sa toute-puissance miséricordieuse de relever et de rendre
au séjour des anges l'astre qu'il a perdu. Plus
la chute de M. de Lamennais a été profonde,
plus son retour sera beau et plein de gloire, de
cette gloire pure et sainte du repentir chrétien,
qui ne se fane point comme les renommées de
ce monde, mais survit au temps et fleurit dans
l'éternité.

Mais tout en gardant ce précieux espoir au
fond de notre âme, il serait dangereux de fer-
mer les yeux ou de se taire sur les scandales
de M. de Lamennais. Ses égarements depuis
quelques années sont si grands et si étranges,
qu'ils ne doivent pas moins effrayer les amis de
la liberté que ceux de la religion. Je vous avoue,
monsieur, que je ne conçois rien au bon sens
de ceux qui ont fait de lui un chef de parti. Il
a sans doute comme homme privé, je me plais
à le répéter, des qualités intellectuelles et morales qui peuvent honorer une secte ; mais en
faire son représentant en France, que dis-je ?
en Europe, et le considérer comme le symbole
de son système, n'est-ce pas là un véritable suicide politique ? Quoi ! des hommes qui veulent

établir la république universelle et placent toute leur confiance dans les masses, déifient un écrivain, dont le nom seul représente la haine du catholicisme? Où vivent-ils ces républicains de nouvelle espèce? Sont-ils de ce monde? Ne savent-ils pas que la religion catholique est la plus répandue de toutes en Europe et en Amérique? qu'elle est même la plus nombreuse parmi les cultes qui règnent dans les pays civilisés de tout le globe [1]? Peuvent-ils ignorer que la grande majorité des Espagnols, des Portugais, des Italiens, des Français, des Belges, des Irlandais, des Autrichiens, des Polonais, des Américains sont sincèrement attachés à la foi de leurs pères? Croient-ils que Paris, où malheureusement la foi est affaiblie dans presque toutes les classes, soit la France et l'univers? Quoi! pour répandre et réaliser vos idées républicaines, vous leur endossez la robe d'un hérétique, vous les associez au schisme et à l'impiété? Vous n'aurez pas même les protestants et les autres sectaires chrétiens dans vos rangs ; car aucun homme qui conserve encore quelque étincelle de foi, quelle que soit d'ailleurs sa communion, n'approuvera jamais les écarts de M. de Lamennais. Vous pourrez tout au plus

---

[1] La moitié des peuples bouddhistes est encore barbare.

gagner quelques prosélytes parmi les disciples
d'Owen, de Fourier et de Saint-Simon : c'est là
votre seule ressource qui certes n'excitera l'envie de personne. Avec de tels apôtres, vous
n'élargirez pas beaucoup le cercle de vos conquêtes, vous ne changerez pas, soyez-en sûrs,
la face de la terre. Si j'avais le malheur de ne
pas être catholique par conviction, je me gar-
derais bien de faire parade de mon incrédulité
et de m'en servir pour gagner des partisans à
mes idées politiques. Ce serait imiter la sagesse
de ces patriotes qui pour nous faire aimer la
liberté, louent à chaque instant Marat et Robespierre. Si j'avais aussi le malheur d'être républicain (je dis malheur, car je n'ai pas envie de
redevenir enfant), je tâcherais de concilier de
mon mieux cette utopie avec les opinions do-
minantes et non pas de la mettre en désaccord
avec elles. Voilà ce qui me paraît passablement
raisonnable ; mais ces messieurs pensent autrement. Veulent-ils choisir un représentant ? Ils
vont chercher précisément l'homme qui a nui
le plus depuis cinq ans à la cause de la liberté.
Mais cet homme, direz-vous, est un brillant
écrivain, un éloquent génie. Pensez-vous, beaux
parleurs, que l'éloquence du discours l'emporte
sur celle du caractère, et que l'amour de la liberté puisse éteindre les croyances ?

Du reste, monsieur, je ne suis pas fâché que le parti républicain ait choisi un chef aussi propre à lui ôter toute influence, et à décréditer ses doctrines. Sous ce point de vue, le choix me paraît excellent : on n'aurait pu mieux faire, et pour mon compte j'en remercie les auteurs. Je parle, vous le voyez, comme si j'y étais pour quelque chose ; car puisqu'on veut établir une république universelle, et en conséquence une république italienne, j'ai aussi le droit de m'en mêler. Si ces lignes n'étaient pas adressées à une personne aussi sensée que vous, je craindrais peut-être en tenant ce langage, qu'on me prît pour un ennemi de la liberté ; car, pour ces messieurs liberté et république, c'est tout un. Hors de la démocratie, toutes les nuances se confondent à leurs yeux : Tibère et Louis-Philippe, Séjan et M. Guizot sont des princes et des ministres absolument de la même couleur. La France est aujourd'hui dans le même état de détresse que sous le règne de Charles VI et de Charles VII, et la Pucelle qui peut la sauver c'est la république. Voilà comment raisonnent ces messieurs. Mais en revenant à la république universelle ; je ne suis pas de leur avis, et j'espère, s'il plaît à Dieu, avoir avec moi beaucoup de monde, même chez vous. Le plus grand ennemi du bonheur des peuples est à mes yeux

la république telle qu'on l'entend, c'est-à-dire
la démocratie, et je m'appuie sur des raisons
qui me paraissent fort bonnes. D'abord j'ai pour
moi toute l'histoire, depuis Adam et Noé, ce
qui est fort ancien, jusqu'à votre république
de 1793 de bienheureuse mémoire. Je ne trouve
nulle part l'exemple d'une grande démocratie
qui ait duré longtemps, et qui n'ait pas frayé
la route au despotisme intérieur ou à la domi-
nation étrangère. Les républiques anciennes et
modernes de quelque étendue, qui ont eu de la
durée, de la puissance et de la gloire, étaient
des aristocraties, ce qui ne convient guère aux
républicains modernes. Mais les États-Unis, direz-vous, sont-ils une aristocratie? Non, ils
sont quelque chose de pire, c'est-à-dire une
oligarchie effroyable où une race d'hommes op-
prime impitoyablement deux autres races, en
arrachant l'une par un odieux trafic, et en expul-
sant l'autre par la force et la perfidie de la terre
de leurs pères, pour vouer la première à l'esclavage ou à la honte, et la seconde à une des-
truction lente et certaine. Je ne vous envie
point cette république modèle, et je vous pro-
mets, foi d'honnête homme, que je voudrais
plutôt vivre à Constantinople qu'à Richmond [1].

---

[1] Capitale de la Virginie, célèbre par son marché d'esclaves

Tout homme à entrailles humaines pensera
comme moi. Du reste, laissez mûrir cette république qui n'a pas encore atteint l'âge d'un mor-
tel, et vous verrez quels seront les fruits de son
esclavage, de son égoïsme, de son absence de
sens moral et de génie, de sa religion d'éti-
quette : le seul espoir raisonnable de la société
qu'elle renferme, c'est la ruine de ses institutions. Mais ce qui ne s'est pas vu jusqu'ici,
dira-t-on, se verra dans l'avenir : confiez-vous
dans la loi du progrès, et dans M. de Châteaubriand qui nous l'a dit. Messieurs, je n'ai pas
cette témérité de vouloir pénétrer dans l'avenir,
car je ne suis pas la Providence, et pas même
un prophète comme M. de Châteaubriand ou
M. de Lamennais. J'admets le progrès, quoique
dans un sens bien différent du vôtre ; et parfois
j'ai envie de rayer ce mot de mon vocabulaire,
et de lui en substituer un autre, parce qu'il
n'est pas un mot sérieux. Je me suis aperçu,
que quand il s'échappe de ma bouche en bonne
compagnie (ce qui m'arrive rarement, car j'y
prends garde) tout le monde sourit. Mais en ad-
mettant provisoirement le mot avec la chose,
et en faisant les réserves de la Providence sur
l'impénétrabilité de l'avenir, je ne conçois pas
que le progrès, quelque étendu qu'on le suppose, puisse jamais changer les lois essentielles

7

de la nature humaine, et réaliser un phénomène
inconnu jusqu'ici. C'est dans ce sens que je crois,
avec le plus sage des princes, que rien de nouveau n'arrive sous le soleil. Le germe du mal
qui empoisonne la vie de l'homme, ne pourra
jamais être extirpé. Les disciples d'Owen et de
Fourier [1] nient l'existence même de ce germe,
et je n'ai aucune envie de disputer avec eux ;
car il est impossible de s'entendre avec des
hommes qui, avec leur esprit éminemment faux,
avec leur ignorance des choses humaines, ne
saisissent jamais le côté réel et vivant des ob-
jets, et se payent d'abstractions vides et d'idées
creuses. Autant vaudrait-il raisonner avec un
aveugle de naissance sur les propriétés des cou-
leurs. La corruption naturelle de l'homme est
un article du sens commun, qui fait foi en politique [2]. Or l'homme moral restant toujours
faible et malade, quelles que soient les amélio-
rations extérieures produites par la civilisation,
la liberté qui a besoin de l'ordre, qui est l'ordre

---

[1] En parlant ainsi des fouriéristes je ne considère que la
partie morale et religieuse de leurs doctrines.

[2] M. de Lamennais rejette le dogme du péché originel,
entre autres raisons, parce qu'il est inconciliable avec la loi
du progrès à laquelle il tient fort. Cela fait doublement pitié.
En disant que la corruption naturelle de l'homme est un article du sens commun, je parle du seul fait et non de sa cause.

même dans la plus haute acception et dans toute son étendue, ne pourra jamais subsister dans un grand État au milieu du flux des opinions et du choc des passions humaines, si tous les citoyens participent également aux droits politiques. La sauvegarde de la liberté c'est le frein qui empêche ses abus, et ce frein est une chimère, si tout le monde est libre au même degré. L'égalité politique est donc une véritable absurdité; et à cet égard, sans empiéter sur les droits de la Providence, on peut être sûr que le rêve chéri de nos démocrates ne se réalisera jamais. Mais parmi les combinaisons différentes, d'où peut sortir une hiérarchie sociale, il y en a sans doute plusieurs qui appartiennent à l'avenir. Quelles seront-elles? Je n'en sais rien, et peu m'importe; ce sera là l'affaire de nos neveux : nous avons assez de notre besogne, qui est déjà, je pense, assez rude. Mais pour le présent, tout homme sensé conviendra avec moi, qu'avec l'inexpérience, les mœurs, les habitudes, le luxe, la corruption et la légèreté de l'Europe actuelle, l'hérédité politique, sous l'une de ses deux formes, le patriciat ou la royauté, est le seul principe fixe et solide qui puisse, au milieu du mouvement qui nous entraîne, assurer l'ordre et avec lui la liberté, la puissance et le bonheur des peuples. Or le patriciat poli-

tique est mort partout, l'Angleterre exceptée ;
le pouvoir royal est le seul , qui , quoique
ébranlé dans quelques pays par sa propre faute,
est encore plein de vie, et peut se promettre
un long avenir. Vos républicains qui lui tâtent
le pouls nous assurent qu'il se meurt : je n'en
crois rien ; je crains plutôt ici pour la vie des
médecins que pour celle du malade. La royauté
chrétienne a en soi , si elle le veut , tous les
éléments de durée , et, rigoureusement parlant, elle n'a rien à craindre que d'elle-même.
Il est impossible qu'elle périsse puisque le
rôle dont la Providence l'a chargée , est loin
d'être accompli. Sa mission qui est double , et
qui consiste à détruire la barbarie et à fonder
la civilisation , n'a été remplie qu'à demi. Les
rois ont tué la féodalité , effet de la conquête ;
voilà le premier acte du drame : il s'agit maintenant d'établir la liberté des peuples , et pour
y réussir, il faut d'abord enchaîner la démocratie qui en est le plus grand obstacle. Ce
fléau doit sa naissance à la royauté même , qui
ayant oublié sa glorieuse mission , voulut établir le despotisme sur les ruines féodales , et
confisquer à son propre profit un pouvoir
qu'elle devait dépenser pour le bonheur de
l'État. Dieu la châtia en permettant à l'hydre
révolutionnaire de naître ; car les révolutions

sont des crises douloureuses qui, par une loi de la nature, régénèrent le corps social par l'excès même du désordre, et le sauvent d'une mort inévitable. Si cette première leçon est inutile pour corriger les peuples et les rois, la Providence leur en donne une seconde, qui est encore plus terrible et plus longue, mais qui ne manque jamais son but. Ce dernier remède c'est la conquête et la barbarie qui en est la suite, et qui, comme une crise révolutionnaire venue du dehors, mêle les races et les peuples, crée un nouveau moyen âge, enfante des nations et des langues, et, après des convulsions et des angoisses séculaires, ouvre la route d'une civilisation nouvelle. Peuples et rois de l'Europe policée, voudrez-vous forcer la souveraine justice qui gouverne le monde à employer ce terrible moyen pour mettre un terme à vos folies? Tournez vos yeux du côté du Nord, et voyez le châtiment qu'elle vous réserve. Pour y échapper, vous n'avez qu'une seule ressource, c'est de réaliser l'idée chrétienne, qui consiste à *fonder la liberté et la puissance des peuples par le moyen de la souveraineté*. Mais pour parvenir à ce but, il faut ôter son principal obstacle, aller à la source du mal, détruire l'hétérodoxie philosophique, politique et religieuse qui infecte nos sociétés,

réformer en un mot la pensée de l'Europe par
le rétablissement de la foi catholique, d'où
toute orthodoxie dépend ; car ce sont les idées
qui engendrent les institutions. Choisissez donc
entre Rome et Saint-Pétersbourg. Et le choix
ne sera pas difficile ; car l'hétérodoxie dont les
formes ont été jadis si spécieuses et si propres
à fasciner les meilleurs esprits , a perdu tous
ses charmes avec le prestige de la nouveauté ,
et depuis que l'expérience a montré combien
peu les fruits qu'elle porte répondent à ses pro-
messes. Toute vie s'est éteinte au milieu d'elle ,
et ses disciples sont devenus complétement
stériles ; car rien ne s'épuise aussi vite que la
fécondité de l'erreur. Voyez ce qu'on imprime
depuis quelques années en Europe et surtout en
France dans un grand nombre de journaux et
de livres. Y a-t-il quelque chose de plus dé-
goûtant que ces redites sans esprit de faussetés
surannées, ces replâtrages historiques sans force
et sans couleur où la faiblesse des études et la
médiocrité du talent se déguisent sous les
formes de l'indifférence religieuse , ce panthéisme décrépit et déguenillé qui radote en
s'enveloppant dans les vapeurs et dans les
nuages , ce rationalisme prétentieux qui trahit
par le galimatias le secret de son impuissance,
ce républicanisme aux abois , qui tantôt dérai-

sonne avec la naïveté d'un enfant, tantôt s'efforce de cacher par des rodomontades et des invectives son absence complète d'originalité et de génie? S'il y a quelque chose de clair aujourd'hui c'est qu'un nouveau siècle commence, et que la séve fécondante des grandes pensées et des grandes réformes ne se trouve plus ailleurs que dans le catholicisme, et ne peut sortir que de lui. C'est à cette source que doivent puiser les peuples et les hommes d'État pour retremper l'Europe vieillie, et commencer une génération nouvelle. Il faut avoir le jugement de M. de Lamennais pour croire que l'impiété et la démagogie ont encore de l'avenir, et pour échanger le temple de Dieu avec un édifice qui tombe en ruine, dans un moment où la marche ascendante du catholicisme est visible à tous les yeux, et où sa jeunesse éternelle est près de reparaître dans son ancien éclat. Voilà donc la tâche des nations et de leurs chefs. Quant à nous, pauvres auteurs, notre devoir est de dire aux uns et aux autres la vérité et toute la vérité avec une égale franchise, sans rien craindre, rien espérer; car malheur à l'écrivain qui, par intérêt ou par peur, flatte les rois ou les peuples! Pour mon propre compte, monsieur, il m'est impossible de séparer dans mes amours et dans mes espérances la liberté et la monarchie. J'aime la liberté et je donnerais volontiers ma vie pour elle. Mais j'aime aussi la royauté, parce que je la crois indispensable pour fonder la liberté dans mon pays, et pour l'assurer chez vous et dans toute l'Europe. Aimer la royauté seulement pour elle-même et préférer les intérêts d'un homme ou d'une famille à ceux de tout un peuple, est une chose si absurde, que pour l'admettre il faudrait abjurer les sentiments qui distinguent le chrétien du païen et l'homme civilisé de l'homme barbare. Mais l'attachement à la royauté comme à une institution nécessaire pour le bonheur des peuples est un sentiment fort honorable, et un rigoureux devoir pour tout homme qui en est persuadé comme moi. Depuis que j'ai vu un peu le monde, je suis tellement convaincu que la liberté et la monarchie sont nécessaires l'une à l'autre, qu'il m'arrive parfois, en écrivant, de me fâcher avec ceux qui pensent le contraire, et mettent en doute une vérité qui à mes yeux a la valeur d'un axiome. Vous trouverez que ces brouilleries avec les puissances sont assez plaisantes en moi, chétif; vous avez peut-être raison; mais personne ne peut commander à ses affections les plus chères. Voilà ma profession de foi politique qui me paraît nette et précise.

Vos républicains, monsieur, n'ont pas les mêmes convictions que moi : je doute cependant qu'ils soient parfaitement sûrs de la réussite de leurs projets. Nul cerveau humain, à moins qu'il ne soit dans un état de délire complet, ne pourra jamais se promettre avec certitude la réalisation d'une théorie qui a contre elle les leçons de l'histoire et les prévisions des sages. Elle peut avoir néanmoins de la probabilité à ses yeux : soit. Mais alors je ne sais plus que penser de la prudence de ces messieurs qui oseraient risquer sur une simple probabilité le salut de leur pays. Il faut avoir un esprit bien léger pour hasarder ainsi, je ne dis pas ses biens et sa vie, mais le bonheur et le sang des peuples. Quoi ! vos pères vous racontent ce qu'ils ont vu lorsqu'on fit le premier essai de votre utopie, et leurs récits, si vous êtes hommes, vous font dresser les cheveux sur la tête, et vous voudriez recommencer à un demi-siècle d'intervalle, et exposer de nouveau votre patrie à des chances si effrayantes ? Êtes-vous des fous à raisonner ainsi ? Et si vous pensez qu'une seconde tentative puisse être plus heureuse, quelle est la loi morale qui vous permet d'aventurer sur une présomption individuelle ce qu'il y a de plus sacré au monde ? Quels sont les principes qui

vous servent de règle ? Est-ce l'Évangile ou la
doctrine des païens ? Et que dis-je, des païens ?
Nul d'entre eux, même les plus relâchés, ne
vous aurait permis de jouer sur une carte le
bonheur d'une nation entière et peut-être du
genre humain. Oh ! si Pascal vivait de nos
jours, comme il aurait beau jeu avec vos folies !
Comme il flétrirait vos beaux discours sur l'a-
mour de la patrie, la fraternité, le sacrifice,
avec tout le poids de sa fine moquerie, de
sa logique, de son éloquence ! Vos ancêtres
de 1789 raisonnaient aussi un peu comme
vous ; mais ils étaient plus excusables ; car ils
n'avaient pas sous les yeux les hautes leçons
de l'expérience. Ils voyaient et touchaient de
la main les maux d'une monarchie corrompue,
et non les abus d'une liberté assise sur une
fausse base. La France voulait alors recouvrer
les droits qu'elle avait perdus, et jouir de cette
liberté modérée et de ces garanties politiques,
dont le catholicisme avait créé les germes dans
le moyen âge. Elle voulait refaire l'œuvre dé-
truite par quelques-uns de vos rois, qui avaient
été de véritables révolutionnaires en chan-
geant votre constitution politique, et en lui
substituant le despotisme, selon la portée légitime de la philosophie de Descartes et de l'hérésie de Luther. La monarchie constitutionnelle

bien entendue n'est dans le fond que le développement des pouvoirs et des libertés du
moyen âge, que l'action civilisatrice du christianisme avait établis presque simultanément
dans toute l'Europe. C'est à la civilisation
qu'appartient la tâche de développer ces divins
germes, selon la mesure assignée par le degré
de sa marche, qui consiste toujours à dégager
l'avenir contenu dans le passé, et à l'élever de
l'état de simple puissance à la plénitude de
l'acte d'après la loi de continuité qui régit toute
la création. Les vœux de vos compatriotes
étaient donc sages et légitimes ; mais malheureusement les résultats en furent viciés par
une fausse philosophie. La doctrine cartésienne
née du protestantisme, et déjà morte sous sa
première forme, mais ressuscitée sous celle du
sensualisme par Locke et Condillac (je crois
avoir ailleurs démontré ce point) engendra le
dogme de la souveraineté du peuple, qui sape
par sa base la monarchie constitutionnelle (dont
l'essence implique la multiplicité des pouvoirs), en les réduisant à un seul, qui devient
absolu par le seul fait qu'il est unique. L'assemblée, chargée de reconstituer la France, prit
cette erreur spécieuse pour fondement de ses
travaux. Dès lors tout fut perdu : le temps et la
logique firent le reste. Le premier jour, un abbé

se lève, et proclame que la réunion représentative du peuple est *assemblée nationale* : c'était avec une seule phrase rayer tous les pouvoirs, un seul excepté. Le second jour, on prononça le mot de *république* : la formule fut ainsi dégagée du voile qui la couvrait, et réalisée. Le troisième jour un homme monte sur l'échafaud ; il veut parler au peuple et lui faire entendre les derniers accents de la liberté et de la monarchie expirantes sous le glaive de la république ; mais les tambours couvrent sa voix, et sa tête roule aux pieds du bourreau. Et sur cette tête tombèrent d'autres têtes, et le nombre bientôt en fut si grand, qu'on aurait pu élever avec elles une de ces affreuses pyramides, qui signalaient les conquêtes sanglantes de Tchingiz-Khan et de Timour. Le quatrième jour un soldat italien arrive, et balaye avec son épée la république, en remplaçant l'échafaud par le canon et la mitraille, qu'il promène dans toute l'Europe pour faire goûter aux autres peuples les fruits de vos libertés. Voilà quel fut le drame de votre révolution, dont toutes les phases étaient renfermées dans une parole coupable prononcée par la bouche d'un prêtre. Le despote tomba enfin après vingt ans de carnages, dont le seul fruit pour, nous Italiens et bien d'autres fut la perte des restes de nos

anciennes libertés ; et quant à vous, vous en
fûtes à recommencer. Votre nouveau début fut
si malheureux que vous l'avez flétri du nom
de comédie. Vint ensuite la crise de 1830, et
votre nation aurait péri, si les mains qui ren-
versèrent le trône ne l'eussent pas relevé et sou-
tenu avec persévérance et courage. Mais si vos
républicains l'avaient emporté sur la sagesse de
la nation, où en seriez-vous maintenant ? Où en
seriez-vous, si vos affaires avaient été livrées à
la sagesse d'une secte qui exciterait la guerre
civile, et proclamerait la guerre universelle aussi
tranquillement qu'on avale un verre d'eau ? Quels
sont-ils les hommes d'État de cette faction ? Quelle
est-elle sa religion, sa morale politique ? Ar-
mand Carrel, le premier de ses champions,
dont l'esprit, la probité, la générosité ne sont
contestés par personne, et qui montrait même
autant de prudence qu'on peut en avoir quand
on a à compter avec la multitude, avait des idées
morales si peu saines, qu'il sacrifia sa vie et
les intérêts de sa secte à un préjugé féodal et
horrible du moyen âge. Étranges républicains
qui entendent l'honneur comme les barons du
douzième siècle ! Le malaise évident de votre position actuelle ne vient que du peu de confiance
que vous avez dans vos institutions, à cause de
l'affaiblissement du pouvoir royal, qui est le

pivot sur lequel elles tournent et la base qui les
soutient. Tout homme sensé avouera que la
liberté ne court aucun danger réel chez vous,
ou plutôt qu'elle a tout à craindre des ennemis
de la royauté, et rien de la part du roi. Cette
position n'est pas sans doute commune à tous
les pays et à toutes les époques ; mais ce qui
est vrai aujourd'hui de presque toute l'Europe,
c'est que la liberté ne pourra point y germer
et produire des fruits durables, si elle ne
pousse pas du tronc de la monarchie. Et dans
une situation si chancelante on trouve des
hommes qui osent arborer le drapeau de la
république, et le font porter par un déserteur
malheureux de la foi chrétienne ! Les désordres
de la révolution française ont commencé par la
parole imprudente d'un prêtre : on doit espérer
qu'ils se termineront de la même manière.
Mais M. de Lamennais est cent fois plus coupable ou plus égaré que l'abbé Sieyes, puisqu'il
ferme les oreilles à la voix de l'histoire, qui est
la voix de Dieu.

Eh bien ! monsieur, un tel homme sera aussi
préconisé par quelques-uns de mes compatriotes comme un apôtre et un prophète ? Le prêtre
qui a juré amour et obéissance à l'Église catholique, et qui a répondu à la correction paternelle de son chef par l'injure, l'apostasie et le

blasphème, sera élevé sur l'autel par des mains italiennes ? A Dieu ne plaise que les dignes fils de notre beau et malheureux pays se taisent en présence d'un si grand scandale ! Je proteste hautement pour mon propre compte, et je suis sûr d'avoir avec moi la majorité de mes concitoyens et l'élite des hommes vertueux et éclairés qui honorent ma patrie. Il faut bien qu'on sache à l'étranger qu'il y a encore des Italiens qui ne se baissent point devant le premier venu qui nous outrage dans nos affections les plus tendres et les plus saintes, et qui osent élever leur voix contre une folie si étrange.

Le catholicisme et la nationalité italienne sont inséparables. Quand la lumière, née en Orient, s'avança, comme le soleil, pour éclairer l'Europe, elle se fixa en Italie. Rome qui avait produit la plus puissante des civilisations païennes, animée et rajeunie par la foi nouvelle, reconquit le monde qu'elle avait perdu, et qui fut alors dompté pour la première fois par la force pacifique de l'idée et de la parole. Notre Italie moderne naquit au milieu de cette Église mère, elle fut nourrie de son lait, échauffée sur son cœur, consolée par son sourire, bercée dans ses bras maternels ; elle apprit de sa bouche à bégayer les premiers mots de Dieu, de ciel et de patrie, et eut pour gardien de son enfance

contre des ennemis qu'elle n'avait point vus
naître , le père commun des fidèles. Ainsi le catholicisme, par un travail lent et profond, fît de
nous un peuple, et devint notre âme, notre vie,
notre existence même. Il s'est identifié avec nos
mœurs, nos arts, notre littérature : il se confond avec nos souvenirs, nos gloires, adoucit
nos douleurs et soutient nos espérances. Il nous
a faits, en un mot, tout ce que nous sommes :
c'est lui, qui nous rendit, par le Dante, les
aînés de la civilisation européenne, et qui en-
fanta par la voix des Grégoire et des Alexandre
cette héroïque Iliade du moyen âge, qui nous
révéla le secret de nos forces, et dont les immortels exemples ne seront point stériles. Si ce
grand arbre n'a point poussé toutes ses branches, et si la séve paraît tarie dans ses racines,
c'est aux ennemis du catholicisme, à l'affaiblissement de l'esprit antique, à l'importation des
mœurs étrangères que nous en sommes redeva-
bles. Le catholicisme est vérité pour tous les
peuples : il est pour nous de plus unité, patrie,
indépendance, nationalité. C'est de lui, de lui
surtout que nous attendons tous les biens qui
nous manquent ; car lui seul peut inspirer le
dévouement , cimenter l'union , réveiller le
génie du sacrifice. Lui seul peut fonder la liberté sans préjudice de l'ordre, et consacrer les

droits des peuples sans violer ceux des puissances légitimes. Lui seul peut d'un côté fléchir les cœurs des rois et les rendre accessibles aux vœux raisonnables des nations, et de l'autre inspirer aux nations cette modération et cette sagesse qui éloigne la méfiance, et les rend dignes de participer au pouvoir des rois. Nous ne voulons point de cette liberté absurde qui se fonde sur la prétendue souveraineté du peuple, de ce progrès chimérique qui s'insurge contre le passé le plus respectable, de cette prospérité mensongère qui doit sortir du sein de sanglantes révolutions. Nous ne voulons pas non plus de ce culte puéril et vide, sans base, sans principes, sans autorité, de ce christianisme rationaliste, éclectique, humanitaire, que les faiseurs modernes de religions voudraient substituer à la foi de nos pères. La religion à nos yeux doit être non pas une abstraction individuelle, une science morte, mais une réalité vivante et sociale, ancienne comme le temps, universelle comme l'espace, ayant son principe dans le ciel, et remontant par une tradition certaine au berceau de l'humanité. Le bon sens italien ne sera jamais dupe des idées creuses et des folles perspectives de certains rêveurs ; et ceux mêmes qui ont le malheur parmi nous de méconnaître les divins titres d'une religion contemporaine des

8

siècles, n'oseraient élever leur voix contre une admirable institution nationale qui est la plus belle de nos gloires. Car enfin, de l'ayeu de tous, il faut une religion aux hommes : et que voudrait-on substituer à une croyance qui compte pour nous dix-huit siècles de durée, et qui est une de ces lois du monde, dont l'origine est aussi ancienne que l'état actuel du globe ? Non, encore un coup, les Italiens ne seront point des fils ingrats ; ils ne renieront point leur mère ; il se garderont de briser les seuls liens solides qui rattachent le passé à l'avenir, la terre au ciel, et l'Italie au genre humain.

Bruxelles, 28 *décembre* 1840.

Vincent GIOBERTI.

POST-SCRIPTUM.

Cette lettre était déjà sous presse, lorsque je reçus de Paris un livre fort curieux, intitulé : *Procès de M. F. Lamennais devant la cour d'assises* [1]. Parmi les différentes pièces qu'il renferme, il y a une *Notice biographique et littéraire* sur le célèbre écrivain, par M. Elias Regnault. L'auteur se propose de prouver que dans les doctrines de M. de Lamennais *il y a une immuable unité, une logique invariable dans son principe, quoiqu'elle ait pu s'adresser successivement à divers moyens d'application* [2].

[1] Paris, Pagnerre, 1841.
[2] Pag. 103.

En lisant ces mots, je regrettai d'abord d'avoir connu trop tard un livre si propre à m'éclairer sur mon sujet ; mais en avançant, je fus bientôt détrompé ; car s'il est probable que M. Regnault ait voulu prouver quelque chose, il est sûr qu'il n'a rien prouvé du tout. Son apologie est d'une faiblesse qui fait pitié ; on serait même tenté de croire que l'auteur est un partisan caché de M. Partarrieu-Lafosse, et que pour défendre son réquisitoire attaqué par quelques journaux, il a feint de le combattre, en rehaussant par la pauvreté de ses raisons celles de son prétendu adversaire. Dans ce cas, le trait serait fort malin, et l'on devrait admirer l'art habile, avec lequel M. Regnault a su se ménager une défaite. En effet il n'y a rien de pire pour un homme qui a subi les incriminations du ministère public, que de tomber entre les mains d'un mauvais avocat ; car il est ainsi doublement maltraité, et l'on ne sait si c'est l'accusation ou la défense qui tourne le plus à son désavantage. Sous ce point de vue M. Regnault aurait atteint son but aussi bien que M. l'avocat général ; et M. de Lamennais serait vraiment à plaindre d'avoir des ennemis si malicieux.

J'énonce une simple conjecture, car je ne connais M. Elias Regnault ni directement ni indirectement. S'il a parlé sérieusement, je ne

saurais m'expliquer son travail, qu'en supposant qu'il est fort jeune, et qu'il n'a pas encore
achevé ses cours, surtout celui de logique.
Quand on est entré dans le monde, on est
obligé, au moins par bienséance, à raisonner
un peu mieux, et à respecter davantage le bon
sens de ses lecteurs. Il est vrai que cette règle
n'est pas toujours suivie en France, et que la littérature actuelle de ce pays abonde en écrivains
qui savent tout, excepté les matières dont ils trai-
tent. On y remarque surtout un grand nombre de
théologiens en habit court qui font de la religion
à perte de vue, sans connaître le catéchisme.
On peut louer le zèle de M. Regnault pour un
homme qu'il chérit et qu'il admire ; mais il est
bien qu'il sache, qu'avant de prendre la plume
il faut posséder son sujet, et que pour plaider
on doit être bien sûr de ne pas nuire à son
client.

M. Regnault débute en comparant avec une
parfaite convenance M. de Lamennais à saint
Paul, et *les prêtres du Vatican* à ceux *de la syna-
gogue* qui condamnèrent Jésus-Christ. Il suppose,
par complaisance, que M. de Lamennais ait été
*dans ses premiers écrits le défenseur de l'absolu-
tisme,* et s'indigne que même dans ce cas on ose
l'accuser d'inconstance ; car saint Paul changea
aussi, sans que *sa lumineuse image ait pu être*

ver. *Un principe une fois posé, en suivre toutes
les conséquences, voilà ce qu'on peut demander à
un homme de bonne foi. Mais exiger de lui qu'il ne
s'égare pas dans la recherche de ces conséquences,
vouloir qu'il prenne tout d'abord la bonne route,
ou mieux, qu'il persiste dans la mauvaise lorsqu'il
y est engagé, c'est vouloir en lui l'infaillibilité, ou
le condamner à la renonciation de ses doctrines
fondamentales* [1]. A merveille ; mais je deman-
derai à M. Regnault ce qu'il entend sous le nom
de principe. L'inviolabilité du pouvoir souverain et constitué, l'infaillibilité de l'Église,
l'existence d'une révélation surnaturelle, la di-
vinité du Christ, la nécessité de la rédemption,
ne sont-elles pas des principes? Il serait fort plaisant de le nier, puisque de ces propositions,
admises comme vraies, découle une infinité de
conséquences, qui s'étendent à tous les rapports
de la science et de la vie. Si on l'avoue, comment ose-t-on soutenir que M. de Lamennais n'a
varié que dans les déductions, puisqu'il rejette
aujourd'hui toutes ces vérités après avoir combattu pour elles ?

Dira-t-on que le seul principe de M. de Lamennais a toujours été l'infaillibilité du genre
humain, et qu'il n'a jamais varié sur cette doc-

---

[1] Pag. 105.

trine? C'est là en effet la thèse de M. Regnault, si l'on peut croire qu'il en ait une, et qu'il veuille prouver quelque chose. *M. de Lamennais, dit-il, dans son beau style, foudroie le XVIIIe siècle au nom de la raison universelle et de la conscience du genre humain. La vérité, selon lui, est dans le consentement commun; l'autorité dans la voix de tous. Peut-être bien qu'alors il ne pressentait pas les conséquences pratiques de cette belle théorie. Mais laissez agir les puissances de sa logique, et vous le verrez conduit forcément au suffrage universel* [1]. Rien n'est plus faible que ce subterfuge; car je nie que cette prétendue infaillibilité du grand nombre puisse être pour personne un véritable principe. M. de Lamennais a pu s'en servir comme d'un *criterium* pour discerner le vrai, mais il n'aurait pu sans ridicule la confondre avec ces vérités mères qui s'appellent principes, parce qu'elles engendrent la science et dirigent la conduite des hommes. Le *criterium*, quel qu'il soit, n'est en lui-même qu'une formule vide et abstraite, qui n'a aucune valeur, si elle n'est appliquée à quelque idée concrète et féconde. L'auteur de l'*Essai sur l'indifférence* le sentait si bien, que lorsqu'il voulait fixer les croyances, il recourait à la pa-

[1] Pag. 107.

role révélée par Dieu et définie par l'Église.
Direz-vous, monsieur Regnault, que le *criterium*
de la vérité, et les principes de la science sont
absolument identiques? Alors il me sera permis
(ne vous fâchez pas, car je veux croire que
vous plaisantez) de vous renvoyer à l'école.

Si la règle de la vérité ne se distinguait pas
des principes, il s'ensuivrait que tous ceux
qui conviennent de l'une, seraient aussi d'accord sur les autres. Ainsi, par exemple, le théiste
et l'athée, les amis de l'ordre et d'une liberté
modérée, et les défenseurs du despotisme ou
de la licence auraient les mêmes principes,
puisqu'ils invoquent également la lumière de
l'évidence. Substituez à l'évidence rationnelle
l'autorité générale selon le paradoxe de M. de
Lamennais, vous n'aurez pas non plus de principes, si vous n'appliquez cette règle à quelque
vérité déterminée et en rapport direct avec la
connaissance et la pratique. Si, par hypothèse,
un philosophe s'appuyait sur le témoignage du
genre humain pour soutenir avec les sensualistes
rigoureux qu'il n'y a point de morale fixe et immuable, que le vice ne diffère point essentiellement de la vertu, que le devoir change selon
les méridiens et les parallèles, voudriez-vous
affirmer qu'il pense, comme M. de Lamennais
quant aux principes? Cependant il s'accorderait

avec lui sur le *criterium* de la vérité, et le désaccord ne tomberait que sur l'application. Con-
venez, monsieur Regnault, qu'avant de parler
et surtout d'écrire, il faut au moins connaître la
valeur des termes dont on se sert.

Du reste, permis à vous de bouleverser le
langage reçu, et d'appeler conséquences ce que
tout le monde appelle principes. Les mots im-
portent fort peu, quand on est d'accord sur les
choses. M. de Lamennais n'a point varié à l'é-
gard des principes. Soit, puisque cela vous plaît.
Mais néanmoins il a tellement changé d'opinions,
qu'il diffère de lui-même, comme un incrédule
d'un croyant, un hérétique d'un catholique, et
un révolutionnaire d'un absolutiste. Que cela
vous plaise ou vous déplaise, il faut l'avouer.
Après cette concession volontaire ou forcée que
vous me ferez tout à votre aise, appelez votre
client *immuable* autant que vous voudrez ; on
vous laissera dire. Vous pourrez ainsi changer
le sens de tous les mots, et si l'on vient à se
moquer de vous, ce ne sera pas ma faute.

Mais pour en revenir au genre humain, il n'y a
rien de si plaisant qu'un principe, une maxime
ou une doctrine (appelez-la comme vous voudrez) qui n'a rien de fixe, de précis, d'immuable, et qui se prête avec une facilité prodigieuse
à tous les caprices et à toutes les applications

les plus contradictoires. Si l'on eût demandé, il
y a quinze ans, à l'illustre auteur de l'*Essai sur
l'indifférence* ce que pensait le genre humain
en matière de religion et de politique, il aurait
répondu que le genre humain était catholique
aussi bien que le pape, et absolutiste autant
qu'un roi absolu. Un peu plus tard sa réponse
aurait été quelque peu différente ; car en 1831
le genre humain devint un chaud partisan de
la monarchie constitutionnelle. Quelques années après il changea encore d'avis et se fit
républicain ; il devint aussi humanitaire, ce
qui est sans doute moins étonnant. Mais ce
qu'il y a de plus curieux, c'est qu'il réforma
également ses idées religieuses ; car le genre
humain, sachez-le bien, loin d'être encore
catholique comme auparavant, n'est plus même
chrétien, puisqu'il est devenu panthéiste. Nous
en sommes maintenant à ce point, qui probablement n'aura pas une longue durée. Qu'est-
ce que croira le genre humain en 1850 ? Je
l'ignore, et je m'en rapporte à M. de Lamennais qui est le seul juge compétent dans cette
matière. En attendant, comme l'espace de quelques lustres a apporté tant de modifications aux
croyances de l'humanité, nous pouvons être sûrs
sûrs que sa marche dans l'avenir sera très-ra-
pide. Et certes il faut qu'elle se hâte, et ne

s'arrête pas en chemin, si elle veut suivre les
pas d'un homme aussi progressif que son guide.
Car M. de Lamennais et le genre humain est
tout un ; ou plutôt le genre humain est la loi,
mais M. de Lamennais est son interprète et c'est
de sa bouche qu'il faut apprendre les oracles
de la raison universelle. Oh! que cette autorité
est commode! Oh ! que notre siècle est heureux
de posséder l'homme en qui elle est incarnée,
et qui fera envier notre sort aux générations
futures! Admirable genre humain, qui dit
blanc et noir à quelques jours de distance, et
qui nous sauve de l'ennui de croire toujours
les mêmes choses en se pliant à nos fantaisies,
selon la loi du progrès !

M. Regnault paraît ailleurs indiquer que
cette identité de M. de Lamennais avec lui-
même, consiste dans son attachement aux doctrines chrétiennes. *Profondément imbu*, dit-il,
*des maximes de la doctrine chrétienne, M. de La-
mennais demeura convaincu que cette doctrine,
après avoir fait la gloire du passé, devait aussi en
se développant accomplir toutes les espérances de
l'avenir* [1]. Mais si cet auteur interprète aujour-
d'hui les principes fondamentaux du christianisme d'une manière tout à fait opposée à son

---

[1] Pag. 107.

ancienne croyance ; s'il rejette tous les articles
du symbole chrétien, sauf le dernier [1], comment est-il en harmonie avec lui-même lorsqu'il était catholique? Est-ce que l'unité religieuse
consiste à dire : Je suis chrétien? A ce titre,
cette unité, après laquelle on soupire, existerait depuis longtemps dans toute l'Europe.,
puisque tout sectaire prétend suivre l'Évangile, sauf à l'interpréter selon ses caprices.
Dira-t-on que l'essence du christianisme se ré-
duit aux dogmes de la liberté et de l'égalité des
hommes? Car c'est ainsi qu'il est compris par
les nouveaux docteurs. Mais M. de Lamennais
a varié même sur ce point, puisque auparavant
il entendait la liberté et l'égalité chrétiennes
dans le véritable sens de l'Évangile, et plaçait
l'une dans la victoire de l'esprit sur la chair, et
l'autre dans la vocation à cette vie éternelle,
qui anéantit les inégalités de la nature et de la
fortune, et n'admet que celle des mérites et de
la grâce. Ce ne sont pas là sans doute l'égalité

---

[1] On ne peut pas dire que M. de Lamennais admette entièrement le premier article du symbole, puisque son
panthéisme exclut la création substantielle, et altère ainsi
l'idée de Dieu. Par la même raison, s'il était conséquent à
lui-même il devrait aussi rejeter le dernier article puisque
le dogme de l'immortalité de l'âme est incompatible avec
un panthéisme rigoureux.

et la liberté, telles qu'elles sont envisagées aujourd'hui par M. de Lamennais et les démocrates, et telles qu'ils prétendent les trouver dans l'Écriture, en faussant le sens manifeste de ses paroles. Quand l'illustre écrivain traduisait le livre de l'*Imitation*, où la liberté des enfants de Dieu est si admirablement dessinée, il ne prêchait point, je crois, le suffrage universel et la légitimité de la révolte. Il faut être bien hardi, et bien contempteur de l'opinion publique pour nous vanter la constance chrétienne de ce prêtre, qui a franchi, comme Lucifer, avec une audace et une rapidité effrayante, l'intervalle qui sépare le ciel de l'abîme.

Mais M. de Lamennais a toujours voulu le bonheur des hommes ; donc il n'a point varié. Encore une fois, le bien en général n'est point un but déterminé d'action, comme le vrai en général n'est point un principe. Le fidèle et le mécréant peuvent se donner la main en tant qu'ils veulent d'une façon abstraite et indéfinie le bonheur de leurs semblables ; mais il y a cependant entre eux une différence infinie dans la manière de le concevoir, puisque l'un le place dans la foi et l'autre dans l'impiété. Si Fénelon, après que son livre fut condamné par l'Église, au lieu de donner ce grand exemple d'humilité chrétienne qui met son nom au-

dessus de tous les éloges, avait abjuré sa
croyance; si la même main qui a tracé le traité
magnifique *de l'Existence de Dieu* avait écrit le
Système de la nature, diriez-vous qu'il y a eu
en lui *une immuable unité, et une logique invariable
dans son principe* [1]*?* Cependant le baron d'Hol-
bach, ou, quel qu'il soit, l'auteur de l'ouvrage le
plus infâme du dix-huitième siècle, prétendait
vouloir le bonheur des hommes aussi bien que
le saint archevêque de Cambray. Il n'en dif-
férait que par les conséquences, pour parler
votre langage.

Je suis entré dans cette courte discussion,
non pas pour réfuter un adversaire aussi puissant que M. Regnault, mais pour montrer au
contraire qu'il est irréfutable. Avant de finir,
je citerai encore quelques échantillons de la
Notice qui me paraissent fort propres pour
donner une idée de la portée philosophique de
l'auteur, et de son éloquence.

*C'est alors que M. Lamennais se place sur le
terrain de la philosophie, et de sa dialectique vigou-
reuse jaillit un principe nouveau, qui fut pour
les écoles une révolution tout entière.* Cette révolution fut opérée, comme vous savez, par ce système contradictoire et puéril de la certitude,

---

[1] Pag. 103.

qui mourut presque en naissant. *D'un souffle il
renverse tous les principes existants*. Si cela est,
il dut avoir le bonheur de prouver que deux et
deux ne font pas quatre : et cela avec un souffle ;
ce qui est le comble de la toute-puissance. Dieu
même ne saurait en faire autant. *Aristote et
Descartes, Rousseau et Malebranche sont également
immolés* [1]. Ne demandez pas si M. Regnault a lu
et compris les auteurs qu'il cite, car le seul
accouplement qu'il fait de deux penseurs émi-
nents avec un grand talent à calcul, et un grand
talent à images, dénués du véritable esprit
philosophique, suffit pour vous répondre [2].
Admirez plutôt cette immolation d'Aristote et
de Malebranche faite par le bras de M. de Lamennais, et dont on ne peut douter après
l'assertion de son apologiste. L'Esquisse d'une
philosophie *nous semble destinée à opérer une
révolution immense dans la science philosophique
et dans les idées religieuses*. Nous sommes toujours
au milieu de révolutions, et de révolutions
immenses [3], de renversements, de ruines : M. de

---

[1] Pag. 107.

[2] J'ai prouvé, les textes à la main, la nullité philosophique de Descartes, dans mon *Introduction à l'étude de la
philosophie*.

[3] Le mot *immense* a aujourd'hui en France beaucoup
de vogue, surtout à la tribune et dans les journaux. Il n'y

Lamennais doit être un Titan. Du reste si vous voulez savoir ce qu'il a effectivement renversé, vous n'avez qu'à lire ses ouvrages, et les comparer les uns aux autres. *Socrate fut le précurseur du christianisme ; M. de Lamennais sera appelé le précurseur de la religion nouvelle, qui doit être le développement du christianisme.* Ici l'éloge faiblit un peu ; et je doute que M. de Lamennais se contente d'être le saint Jean-Baptiste de la foi nouvelle, et n'aspire pas à en être le Sauveur. Monsieur l'avocat, prenez garde de fâcher votre client. Quant au *développement du christianisme* que les humanitaires nous promettent, si l'on se souvient de toutes les folies que depuis dix ans on débite en France sur ce sujet, c'est à pâmer de rire. *Pour que rien ne manque à cette grande analogie, le Socrate moderne expie en prison ses attaques contre les faux dieux* [1]. Quoi ! un écrivain qui depuis dix ans fait la guerre à tous les gouvernements de l'Europe, et qui est condamné à un

a partout que des *talents immenses*, des *intérêts immenses*, des *questions immenses*, des *effets immenses*, des *catastrophes immenses :* on plane, comme Dieu, à son aise dans l'immensité. La raison de cet usage est dans la trempe des hommes et de l'époque : Gulliver parut un géant dans le pays des pygmées.

[1] Pag. 122, 125.

an de prison à cause de ses pamphlets incendiaires, est comparé à l'illustre martyr du monothéisme, qui rendit hommage même en mourant au gouvernement de son pays! En vérité, ceci est trop fort : M. Regnault devrait compter un peu moins sur l'indulgence de ses lecteurs.

En voilà assez pour faire connaître la valeur scientifique et le tact de l'auteur. Les passages suivants ajoutent à ces mérites des preuves de son beau talent pour la haute éloquence. *L'Église n'avait plus l'intelligence de Dieu ni des hommes.* Sans doute, parce qu'elle ne varie point sur la vérité éternelle, et ignore les merveilles de la doctrine du progrès. *Si quelques jeunes lévites saluèrent avec enthousiasme cette ère nouvelle du christianisme, les hauts dignitaires du clergé accueillirent d'un silence dédaigneux ce pacte avec le démon du siècle.* Je suppose qu'il y a ici de l'ironie, et que l'auteur veut faire entendre que *le pacte avec le démon du siècle* fut fait en réalité par cet illustre épiscopat de France et des autres pays catholiques qui donne l'exemple de toutes les vertus, et qui exposait sa vie, il y a quelques années pour consoler, et bénir les victimes d'une maladie contagieuse. Autrement il placerait le diable du côté de M. de Lamennais, ou plutôt M. de

Lamennais du côté du diable, ce qui serait peu flatteur pour l'un des deux. *Plus que tout autre peut-être le pape fut effrayé du secours redoutable que le ciel lui envoyait.* Cette frayeur du pape à la vue du nouvel évangile, touche déjà au sublime. *Il fallait un Hildebrand pour comprendre la démocratie en soutane.* Sublime ! sublime ! *Mais Hildebrand était à Paris, et Rome se taisait.* Hildebrand (j'espère que vous n'aurez pas besoin qu'on vous l'apprenne) est M. de Lamennais qui ressemble à son grand prédécesseur surtout par la fermeté dans ses principes. *N'osant ni blâmer, ni applaudir, le Vatican contemplait avec une sombre méfiance ces ardents néophytes qui l'appelaient à une puissance nouvelle.* Peut-on éprouver *une sombre méfiance* quand on assiste à une comédie ? *Les rédacteurs de* l'Avenir *résolurent de faire parler le pontife muet.* Oh ! ceci est admirable. S'ils l'eussent fait, à coup sûr ils auraient réussi ; car ç'aurait été un miracle. *Et de le contraindre à dire s'il était le serviteur de Dieu ou l'esclave de César.* Oui, pour en faire l'esclave des factions, qu'il est convenu de désigner sous le nom de peuple. Celui qui proclame l'inviolabilité de tout pouvoir légitimement constitué, et des républiques comme des monarchies, est-il l'esclave des rois ? *Ils avaient d'ailleurs à confondre de basses intrigues, à combattre face à face de ténébreuses calomnies qui s'abritaient derrière le trône de saint Pierre* [1]. Ceci est tout à fait tragique. *On vit alors M. de Lamennais déposer la plume pour prendre le bâton de pèlerin* [2]. La scène s'égaye de nouveau. *Glorieux missionnaire de l'humanité, il s'en alla frapper aux portes du conclave, offrant à la papauté la paix au nom des peuples; et les portes du conclave demeurèrent fermées, et la papauté se barricada contre la paix.* L'éloquence de l'auteur est ici à son comble; et il n'y a qu'un mauvais plaisant qui pourrait l'appeler l'éloquence des barricades. *Dès lors il fut convaincu de son impuissance à sauver une institution qui se méconnaissait elle-même : la vieille Église était marquée au front par le doigt de Dieu; et M. de Lamennais, à son retour, put s'écrier, en renonçant à sa dernière illusion : Rome n'est plus dans Rome* [5]. Donc elle est à Paris. Cette merveilleuse conclusion me fait revenir à ma première idée; car M. Partarrieu-Lafosse n'a rien dit d'aussi beau dans son discours.

Je crains d'être trop long; mais je ne puis renoncer au plaisir de citer encore deux jolis

---

[1] Pag. 114.

[2] Pag. 114. 115.

[5] Pag. 115.

morceaux. *M. de Lamennais, persuadé que la so-*
ciété ne pouvait être sauvée que par le développe-
ment des idées chrétiennes, a d'abord appelé les
rois à son aide, et les rois ne l'ont pas écouté; il a
invoqué les prêtres, et les prêtres ne l'ont pas
écouté; il a rassemblé à sa voix les peuples, et les
peuples l'ont suivi (ce concile universel des peuples convoqué et présidé par M. de Lamennais,
c'est-à-dire *par la démocratie en soutane,* et qui
est un fait historique que notre auteur a sans
doute constaté, me paraît charmant); *et il a vu*
que les peuples devaient être les seuls instruments
de l'avenir. Que si on lui reproche ces différents
appels faits à différentes puissances, il faut aussi
reprocher à Colomb de s'être adressé à différents
souverains pour réaliser la découverte du nouveau
monde que son génie avait deviné [1]. Un journa-
liste a aussi comparé, je crois, M. de Lamennais à Christophe Colomb, parce qu'il a in-
venté, ou plutôt reproduit, une fausse définition
de la matière. Il suit de là que M. de Lamennais
est un Colomb à double titre, et qu'il est même
plus grand que Colomb, puisqu'il renouvela,
lui, deux vieilles erreurs, tandis que le hardi
Génois ne découvrit qu'un nouveau monde.

Qu'on ne l'oublie point : M. de Lamennais

---

[1] Pag. 103, 104

n'avait invoqué les anciens pouvoirs qu'au nom du peuple, il ne leur avait proposé une alliance qu'au nom du peuple : il ne les abandonna que lorsqu'ils abandonnaient le peuple. Il ne faisait donc que continuer son œuvre lorsqu'il se présentait au peuple tout seul (probablement dans l'assemblée générale ci-devant mentionnée), *mais seul avec son génie, et qu'il lui disait : J'ai voulu amener à toi les grands de la terre, et les grands de la terre ne l'ont pas voulu ; j'ai voulu amener à toi les pontifes du Très-Haut, et les pontifes du Très-Haut ne l'ont pas voulu ; mais je t'apporte la parole qui vivifie, et la vérité qui donne la victoire. Désormais je suis ton prophète.* M. de Lamennais se pose donc en révélateur par lui-même, et peut dire avec Dieu : *Je suis celui qui suis ;* c'est une véritable autonomie. *La première hymne* (je transcris à la lettre pour ne rien gâter) *d'alliance du prophète avec le peuple fut une magnifique épopée*[1]. Les *Paroles d'un croyant* sont donc une épopée, comme l'Iliade et la Jérusalem délivrée. Oh ! M. Regnault, que vous êtes divertissant ! Il est difficile de tenir son sérieux avec vous.

Je termine, en souhaitant à monsieur Regnault une meilleure cause, et à M. de Lamennais un meilleur avocat.

[1] Pag. 117.

NOTE.

En énonçant une opinion sévère, mais juste
et exigée par les circonstances, sur la plupart
des travaux philosophiques et théologiques de
M. de Lamennaís, même avant sa chute, je dois
avertir le lecteur que mon jugement ne s'étend
point aux anciens collaborateurs de l'écrivain
célèbre. Il n'est pas étonnant que l'ardeur de
l'âge, une extrême modestie associée au plus
beau talent, une vive et affectueuse admiration
pour cette forte éloquence et ce zèle ardent qui
brillent dans l'*Essai sur l'indifférence,* aient in-

spiré jadis à quelques-uns d'entre eux une dé-
férence trop grande envers l'auteur de ce livre.
On sait cependant (et ce n'est pas de leur bouche qu'on le tient) qu'ils tâchèrent plus d'une
fois de modérer les emportements du maître, et
que si celui-ci eût prêté foi aux conseils de ses
jeunes amis, il aurait évité cette douloureuse
épreuve où sa foi a fait naufrage. Il suffit pour
s'en convaincre de lire leurs écrits, dont quelques-uns resteront comme de beaux modèles
d'un savoir solide, et d'une piété éloquente et
ingénieuse à deviner les maux de notre époque
et à y porter remède. Que si entraînés par un
nom chéri, ils dépassèrent quelquefois la ligne
rigoureuse et mathématique du vrai dans des
questions épineuses de politique ou de philosophie, on peut appeler *heureuse* une faute, qui
fournit à ce siècle orgueilleux et frivole un
spectacle digne des premiers temps de l'Église.
Avec quelle abnégation ces hommes vraiment
catholiques se rendirent au premier avis du
pouvoir légitime! Peut-on imaginer une obéissance plus prompte et plus illimitée que celle
dont ils donnèrent l'exemple? Qui a jamais
montré plus de zèle et d'empressement à se
condamner soi-même avec la candeur d'un enfant humble et docile qui devance les moindres
volontés du père? Et quelle noblesse dans toute

leur conduite ! Quelle force dans leur caractère ! Quelle fermeté à vaincre des affections
intimes et de chères habitudes, et à tenir un
langage pénible, mais imposé par la gravité du
scandale, tout en gardant envers le malheureux
qui les abandonnait, les tendres égards d'une
amitié chrétienne ! Si un ancien évêque en
voyant les larmes de Monique, le modèle des
mères pieuses, lui prédit le retour de celui qui
devait être la plus grande lumière de son âge,
ne peut-on pas dire dans notre cas avec la même
confiance *qu'il est impossible que l'objet d'une
sainte amitié périsse ?* Hommes admirables, qui
dans des positions très-différentes honorez également la France et l'Église, et que l'imagination aime à réunir dans un seul groupe, per-
mettez qu'un étranger qui vous est inconnu,
vous adresse cet heureux présage, sans crainte
de blesser votre modestie, puisque le sentiment
qu'il exprime, répond au plus doux et au plus
saint de vos désirs.

OUVRAGES DU MÊME AUTEUR.

ESSAI SUR LE BEAU *ou* ÉLÉMENTS DE PHILOSOPHIE ESTHÉTI-
QUE, par *Vincent Gioberti*, traduit de l'italien, par *Joseph Bertinatti*. Un vol. in-8º.

Sous presse :

DEL PRIMATO MORALE E CIVILE DEGLI ITALIANI. 2 beaux
vol. in-8º.

POUR PARAITRE SUCCESSIVEMENT :

INTRODUZIONE ALLO STUDIO DELLA FILOSOFIA. 4 vol,
in-8º. Seconde édition, revue par l'auteur.

TEORICA DEL SOVRANNATURALE, seconde édition, revue
et considérablement augmentée par l'auteur. Un vol.
in-8º.

ERRORI FILOSOFICI DI ANTONIO ROSMINI. 2 vol. in-8º.
Seconde édition.

N. B. Le second volume sera entièrement inédit.